Enid Blyton

HANNI UND NANNI

in neuen Abenteuern

SCHNEIDER BUCH

Die Deutsche Bibliothek — CIP-Einheitsaufnahme

Blyton, Enid:
Hanni und Nanni / Enid Blyton. — [Ausg. in Einzelbd.]. –
München : F. Schneider.

[Ausg. in Einzelbd.]
Bd. 3. Hanni und Nanni in neuen Abenteuern. – 1994
   ISBN 3-505-03643-9

© 1994 (1965) by Franz Schneider Verlag GmbH
Schleißheimer Straße 267, 80809 München
Alle Rechte vorbehalten
© Methuen Children's Books Ltd.
and Darrell Waters Ltd., London
ENID BLYTON ist ein eingetragenes Warenzeichen
der DARRELL WATERS LTD.
Titelbild und Illustrationen: Nikolaus Moras, Rom
Umschlaggestaltung: Angelika Bachmann
Herstellung: Gabi König
Satz: FIBO Lichtsatz GmbH, München, 11˙ Garamond
Druck: Presse-Druck Augsburg
Bindung: Conzella Urban Meister, München-Dornach
ISBN: 3-505-03643-9

Inhalt

Wiedersehen in Lindenhof

„Drei Wochen Ferien!" Hanni Sullivan setzte sich im Bett auf. Es war der erste Morgen der Osterferien. „Hoffentlich haben wir schönes Wetter!"

Ihre Zwillingsschwester Nanni gähnte und drehte sich auf die andere Seite. „Herrlich, nicht so früh aufstehen zu müssen!" sagte sie träge. „Ich schlafe noch ein Weilchen."

„Ich nicht", meinte Hanni und hüpfte aus dem Bett. „Nanni, draußen ist es so schön. Steh auf und komm mit in den Garten."

Doch Nanni schlief schon wieder. Hanni zog sich an und rannte die Treppe hinunter. Sie war glücklich. Der erste Ferientag war immer irgendwie toll. Alles zu Hause schien neu und aufregend.

Ich gehe gern in die Schule – aber Ferien habe ich noch lieber, dachte Hanni. Ah, da ist die erste Osterglocke – und Veilchen gibt es auch schon!

Beide Schwestern genossen den ersten Ferientag, aber jede tat es auf ihre Weise. Nanni verbrachte die Zeit mit seligem Nichtstun, Hanni dagegen konnte nicht stillsitzen und rannte überall herum. Die Mutter lachte, wenn sie ihre Zwillinge beobachtete.

„Ihr gleicht euch wie ein Ei dem anderen", sagte sie, „dennoch seid ihr grundverschieden. Hoffentlich hält das gute Wetter an, dann werdet ihr schön braun. Genießt eure Ferien, bald sind die drei Wochen vorbei."

„Aber Mutter – drei Wochen sind eine lange Zeit, fast eine Ewigkeit", meinte Hanni.

Nun – die Ewigkeit schrumpfte schnell zusammen. Bald war eine Woche vorbei, dann die zweite, und schließlich waren die letzten Ferientage da.

An einem besonders schönen Nachmittag besuchten die Zwillinge ihre Freundin Karin Johnston. Sie wollten zusammen Tennis spielen. Leider hatten sie nicht viel Freude am Spiel, denn das vierte Mädchen, Winnie, spielte miserabel.

Als Winnie für ein paar Minuten ins Haus lief, entschuldigte sich Karin: „Ich kann mir gar nicht vorstellen, was sie heute hat", sagte sie. „Sonst ist Winnie großartig. Anscheinend fühlt sie sich nicht wohl. Sie sprach von Kopfweh."

Die arme Winnie fühlte sich wirklich nicht wohl. Noch am gleichen Abend bekam sie Mumps. Ihre Mutter rief bei Karins Eltern an. „Es tut mir sehr leid", sagte sie, „Winnie hat Mumps bekommen. Hoffentlich hat Karin den schon gehabt, sonst muß sie eine Weile in Quarantäne bleiben, damit sie niemand ansteckt."

„Doch, Karin hat ihn gehabt", erwiderte Frau Johnston. „Aber ich weiß nicht, wie es mit den Sullivan-Zwillingen steht. Ich will mich gleich erkundigen."

Das Telefon läutete, als die Zwillinge ihr Abendbrot aßen. Frau Sullivan ging zum Apparat. Sie sah besorgt aus, als sie zurückkam.

„Was ist los?" fragte Herr Sullivan.

„Frau Johnston war am Apparat", sagte die Mutter. „Hanni und Nanni waren heute nachmittag bei Karin, um Tennis zu spielen. Winnie Vollmar war auch dort. Jetzt erfahre ich gerade, daß sie mit Mumps im Bett liegt – und unsere Kinder haben ihn noch nicht gehabt."

„Wir haben uns sicher nicht angesteckt", meinte Hanni. „Wir sind überhaupt nicht nahe an sie herangekommen."

„Das ist ja ganz schön", sagte die Mutter. „Trotzdem könnt ihr euch angesteckt haben. Und deshalb müßt ihr beide vorerst zu Hause bleiben. Ihr werdet ein oder zwei Wochen später zur Schule zurückkehren."

Die Zwillinge starrten sie entsetzt an. „Das ist doch wohl nicht dein Ernst, Mami! Zu Anfang ist es immer am nettesten. Können wir nicht doch fahren?"

„Auf keinen Fall. Morgen werde ich den Arzt fragen, wann ihr fahren dürft."

Der Arzt bestand darauf, daß sie eine Woche länger zu Hause blieben.

Der Vater lachte über ihre trübseligen Gesichter: „Ich

hätte erwartet, daß ihr euch über eine Woche Sonderferien freut."

„Nicht gerade bei Schulanfang", sagte Hanni. „Die erste Woche ist immer die schönste. Warum mußte Winnie nur ausgerechnet jetzt Mumps bekommen!"

„Da kann man nichts ändern", erwiderte die Mutter. „Seid nicht traurig! Geht viel nach draußen und genießt die Sonne. Hoffentlich werdet ihr nicht krank."

Zu ihrem Leidwesen durften die Zwillinge keine Besuche machen und niemanden einladen. Deshalb wurde es ihnen bald langweilig.

„Ob sie uns in der Schule wohl vermissen?" fragte Hanni.

„Natürlich", sagte Nanni. „Sie werden im Zug sitzen und sich wundern, wo wir bleiben."

„Ob Neue dabei sind?" fragte Hanni. „Oder neue Lehrerinnen? Erinnerst du dich noch, wie Jenny die arme Mamsell reingelegt hat? Ich bin fast umgekommen vor Lachen."

„Ich darf gar nicht daran denken, sonst ärgere ich mich nur!" sagte Nanni. „Fühlst du dich eigentlich krank, Hanni? Hast du Kopfweh oder Halsschmerzen oder sonst irgend etwas?"

„Überhaupt nichts! Aber wäre es nicht schrecklich, wenn wir gerade am letzten Tag der Quarantäne den Mumps bekämen und dann erst recht nicht nach Lindenhof fahren könnten?"

„Man könnte fast meinen, daß ihr es zu Hause unerträglich findet!" sagte Frau Sullivan, die in diesem Augenblick ins Zimmer kam. „Ich glaube übrigens nicht, daß ihr krank werdet. Ihr braucht euch also gar nicht aufzuregen.

Die Zwillinge versuchten, den Rat ihrer Mutter zu befolgen. Das Wetter war schön, und sie verbrachten die meiste Zeit im Garten.

Endlich kam der letzte Tag der Quarantäne. Am Abend erschien der Arzt, um sie noch einmal zu untersuchen. Er lächelte ihnen freundlich zu und sagte:

„Es tut mir leid, aber ich muß euch eine traurige Mitteilung machen – morgen müßt ihr in die Schule!"

Bei den ersten Worten des Arztes hatten die Zwillinge entsetzte Gesichter gemacht, aber als er geendet hatte, strahlten sie.

„Hurra, morgen geht es wieder in die Schule!" riefen sie vergnügt. „Hurra! Mami, können wir jetzt packen?"

„Das habe ich bereits getan", sagte Frau Sullivan lächelnd.

Am nächsten Tag fuhren die Zwillinge nach Lindenhof. Sie waren glücklich und aufgeregt.

„Es ist schön, wieder hier zu sein", meinte Hanni, als sie auf das große weiße Gebäude zugingen. „Was wohl alle so treiben?"

Sie kamen gerade zum Nachmittagskaffee. Die Mädchen saßen im großen Speisesaal. Hanni und Nanni hörten schon von weitem das Stimmengewirr. Sie öffneten die Tür und traten ein. Zuerst bemerkte sie niemand. Dann sah Jenny zufällig in ihre Richtung, entdeckte sie und schrie auf.

„Hanni! Nanni! Schau, Hilda! Katrin! Sie sind zurück! Hurra!" Jenny sprang auf und lief auf sie zu, Katrin und

13

Hilda hinterher. Sie zogen die Zwillinge an ihren Tisch und machten für sie Platz. Frau Roberts, ihre Klassenlehrerin, nickte den Schwestern zu und lächelte.

„Nett, daß ihr zurück seid! Hoffentlich haben die gefräßigen Mädchen noch etwas für euch übriggelassen."

„Ich bin froh, wieder in Lindenhof zu sein", sagte Nanni und setzte sich zu ihren Freundinnen an den Tisch.

„Habt ihr uns ein bißchen vermißt?" fragte Hanni.

„Ja, sehr sogar", sagte Hilda, „aber am meisten habt ihr Mamsell gefehlt – nicht wahr, Mamsell?"

„Mamsell" – die gewohnte Bezeichnung für die Französischlehrerin – klang den Zwillingen vertraut in den Ohren. Zu Hause hatten alle darüber gelacht. Frau Sullivan verbesserte ihre Töchter stets: „Sagt doch richtig ‚Mademoiselle'!" Aber in Lindenhof sagte jeder „Mamsell".

Mamsell also nickte und sagte dann mit ihrer tiefen Stimme: „Ohne euch beide kommt mir das Klassenzimmer ganz leer vor. Niemanden kann ich ausschimpfen – und zu keiner Arbeit kann ich ‚fürchterlich' sagen."

Die Zwillinge lachten; sie waren es ja gewesen, die der Französischlehrerin ihren Spitznamen gegeben hatten: „Mamsell Fürchterlich".

Bald war eine lebhafte Unterhaltung im Gange. Nur vier oder fünf Mädchen saßen still daneben. Das waren die Neuen. Sie kannten die Zwillinge nicht, starrten nur stumm zu ihnen hinüber und wunderten sich über den begeisterten Empfang.

Der erste Tag im Internat

Voll Freude streiften Hanni und Nanni nach dem Kaffee durch den Garten. Unterwegs trafen sie Linda Turm. Sie leitete die Sportabteilung, und die Zwillinge mochten sie sehr.

„Hallo, ihr beiden", sagte Linda und blieb stehen. „Wie steht's mit eurem Tennis? Hoffentlich habt ihr in den Ferien geübt?"

„Nur ein bißchen", antwortete Hanni ehrlich. „In unserer alten Schule haben wir recht gut gespielt – aber ich glaube nicht, daß es für die Mannschaft in Lindenhof reicht."

„Wahrhaftig, ihr habt euch gründlich geändert, seit ihr hier seid." Jenny lachte. „Die hochnäsigen Zwillinge von früher hätten sicher behauptet, sie seien Meisterspielerinnen."

„Fang nicht davon an, Jenny", erwiderte Hanni verlegen. Sie mochte nicht gern daran erinnert werden, wie sie und Nanni sich zu Anfang aufgeführt hatten.

„Laß dich doch nicht von Jenny ärgern", meinte Lucie Oriell und hakte sich bei Hanni unter. „Ihr wißt ja: Hunde, die bellen, beißen nicht! Hanni, hast du schon gehört, daß ich eine Klasse aufgerückt bin? Leider werde ich nun nicht mehr so viel mit euch zusammensein können wie früher."

„Das tut mir sehr leid", sagte Hanni traurig. Sie und

Nanni mochten die fröhliche Lucie sehr. Lucies Vater hatte sich bei einem Autounfall den Arm schwer verletzt und konnte deshalb seinen Beruf als Maler nicht mehr ausüben. Beinahe hätte Lucie Lindenhof verlassen müssen, weil ihre Eltern die Kosten für das Internat nicht mehr aufbringen konnten. Die Direktorin jedoch hatte Lucie für ein Stipendium vorgeschlagen.

„Margret ist auch aufgerückt", berichtete Lucie. Die große schlanke Margret kam in diesem Augenblick hinzu. Sie gab den Zwillingen einen freundschaftlichen Rippenstoß.

„Hallo", sagte sie. „Habt ihr schon die traurige Neuigkeit gehört? Lucie und ich sind jetzt in der dritten Klasse – und wir arbeiten verflixt hart. Stimmt's, Lucie?"

Lucie nickte. Margret war ihre Freundin. Die beiden Mädchen waren sehr froh, daß sie zusammen in die dritte Klasse aufgerückt waren. „Aber sonst sind wir doch noch alle zusammen?" fragte Nanni, als sie zum Gemeinschaftsraum gingen.

„Ja", nickte Jenny. „Ein paar Neue sind dazugekommen. Übrigens hat sich eure Kusine mit einer von ihnen angefreundet – es ist eine Amerikanerin, steinreich, sie heißt Sadie Greene. Da drüben steht sie."

Die Zwillinge schauten zu Sadie hinüber. Mit ihrer eleganten Kleidung stach sie alle anderen aus.

„Liebe Zeit!" meinte Hanni staunend. „Was für ein Modepüppchen!"

„Wahrhaftig", sagte Jenny. „Sie denkt nur an ihr Aussehen und bringt mit ihrem französischen Akzent die arme Mamsell schier zur Verzweiflung. Und sie redet wie eine verhinderte Filmschauspielerin. Für eure alberne Kusine ist sie nicht das Rechte. Sobald die beiden zusammen sind, sprechen sie nur von Kleidern, Frisuren und Filmstars – etwas anderes interessiert sie nicht."

„Wir werden uns Elli einmal vorknöpfen", meinte Hanni. „Ich habe schon gemerkt, daß sie sich jetzt noch alberner benimmt als sowieso schon. Aber – wer ist das da drüben? Diese Wilde da?"

„Das ist Carlotta", sagte Jenny grinsend, „eine halbe Spanierin. Sie hat ein noch hitzigeres Temperament als Mamsell. Und das will schon was heißen. Von der Schule hat sie ganz seltsame Vorstellungen – aber sie ist ein lustiger Kerl. Sie und Mamsell werden sich noch einmal ganz fürchterlich in die Haare kriegen, darauf möchte ich wetten."

Ist das schön, wieder hier zu sein, dachte Hanni. Aufregungen wird es in den nächsten Monaten garantiert genug geben. Nur schade, daß Margret und Lucie nicht mehr in unserer Klasse sind!

An ihrem ersten Schultag hatten Hanni und Nanni noch keine Hausaufgaben. Aber sie mußten auspacken und ihre Sachen einordnen. Deshalb verließen sie bald den Gemeinschaftsraum und gingen in den Schlafsaal hinauf.

„Ihr seid jetzt in Nummer sechs", rief ihnen Hilda nach. „Ich bin auch dort, außerdem Jenny, Helene Arnold – eine Neue – und Carlotta Braun. Dann noch Katrin und Suse. Ihr merkt schon, welches eure Betten sind."

„Komm, beeil dich", forderte Hanni ihre Schwester auf.

17

2 3643-10

„Ich möchte möglichst schnell wieder unten sein. Es gibt noch so viel zu fragen. Eine von den Neuen hat mir ganz gut gefallen – ich meine die mit der Himmelfahrtsnase und den spitzbübischen Augen."

„Ja, die mag ich auch", sagte Nanni. „Sie sieht aus, als hätte sie es faustdick hinter den Ohren. Da paßt sie gut zu Jenny. Ich bin mal gespannt, was das gibt!"

„Wir müssen die Hausmutter und Frau Theobald begrüßen", erinnerte Hanni, als sie mit dem Auspacken fertig waren. Sie gingen also zur Hausmutter hinüber. Sie sortierte gerade die Wäsche. „Herein", rief sie mit fröhlicher Stimme, als die Zwillinge anklopften. „Da sind ja die beiden Tunichtgute wieder", sagte sie und lächelte. „Und ich hatte es so friedlich!"

Die Zwillinge grinsten. Wie alle Mädchen mochten sie die Hausmutter gut leiden. Sie besaß viel Humor und hatte Verständnis für alle Nöte. Aber wehe, wenn jemand seine Sachen nicht in Ordnung hielt oder nachlässig war! Dann brach ein gehöriges Donnerwetter los!

„Hier sind eure Laken und Handtücher", sagte die Hausmutter. „Geht achtsam damit um. Denkt immer daran, daß ihr die Risse selber stopfen müßt. Und jetzt verschwindet – falls ihr nicht einen Schluck aus meiner schönen Arzneiflasche haben wollt!"

Die Zwillinge lachten. Die Hausmutter besaß die größten Arzneiflaschen, die sie je gesehen hatten. Auf dem Kaminsims stand eine riesige, bis an den Rand gefüllte. Die Hausmutter nahm sie in die Hand und schüttelte sie. „Wollt ihr mal versuchen?" fragte sie. Die Zwillinge flüchteten. Sie rannten die Treppe hinunter, um Frau Theobald, die freundliche Direktorin, zu besuchen. Frau Theobald saß an ihrem Schreibtisch. Sie schaute auf und lächelte den Zwillingen zu. Hanni und Nanni wurden ein bißchen rot. Sie verehrten ihre Direktorin; aber ein klein wenig Angst hatten sie doch vor ihr.

„Nun, Zwillinge", sagte Frau Theobald, „ich weiß immer noch nicht, wer wer ist. Bist du Hanni?" sie schaute Nanni an, als sie das sagte, und Nanni schüttelte den Kopf.

„Nein, ich bin Nanni", erwiderte diese lachend. „Ich habe ein paar Sommersprossen mehr als Hanni. Das ist die einzige Möglichkeit, uns auseinanderzuhalten."

Frau Theobald lachte. „Das ist ja ganz einfach, wenn ihr beide vor mir steht", meinte sie. „Aber was mache ich, wenn ich nur eine von euch sehe? Nun, ich hoffe, ihr strengt euch in den nächsten Monaten an. Ihr seid nicht dumm; und wenn ihr euch bemüht, könnt ihr die Besten der Klasse werden."

Die Zwillinge waren sehr stolz auf das Lob. Sie verließen die Direktorin mit dem festen Vorsatz, hart zu arbeiten. „Ein Glück, daß wir keinen Mumps bekommen haben!" sagte Hanni. „Wie würden wir da hinter den anderen herhinken!"

Es war Zeit zum Abendessen, als sie in den Gemeinschaftsraum zurückkamen. Die Mädchen strömten schon in den Speisesaal. Jenny kam mit dem Mädchen mit der Himmelfahrtsnase.

„Hallo Hanni, hallo Nanni", rief sie. „Darf ich euch das schwarze Schaf der Klasse vorstellen – Bobby Ellis!"

Bobby grinste, und ihre Augen wurden noch spitzbübischer. Sie sah wirklich vorwitzig aus, und sie benahm sich sehr unbekümmert. Das gefiel den Zwillingen sofort.

„Heißt du wirklich Bobby?" fragte Hanni, „oder ist das dein Spitzname?"

„Eigentlich heiße ich Roberta", erwiderte Bobby. „Aber das ist so ein langer, langweiliger Name. Alle nennen mich Bobby. Das ist viel lustiger. Übrigens habe ich eine Menge über euch beide gehört."

„Hoffentlich nur Gutes", sagte Nanni lachend.

„Das möchtest du wohl wissen!" erwiderte Bobby und grinste. Dann ging sie mit Jenny weiter.

Nach dem Abendessen kehrte die Klasse in den Gemeinschaftsraum zurück. Das Radio wurde angestellt, und der Plattenspieler lief. Einige Mädchen strickten, andere lasen, und ein paar faulenzten herum. Als es Zeit zum Schlafengehen war, fühlten sich die Zwillinge schon wieder ganz zu Hause. Sie konnten sich gar nicht vorstellen, daß sie erst ein paar Stunden hier waren.

Wieder in Frau Roberts' Klasse

Die Zwillinge erwachten am nächsten Morgen ziemlich früh. Flüsternd lagen sie im Bett, während die warme Maisonne durchs Fenster schien. Dann läutete es zum Aufstehen.

Als die acht Mädchen fertig angezogen aus dem Schlafsaal kamen, begegneten sie Elli, der Kusine von Hanni und Nanni. Sie ging Arm in Arm mit dem amerikanischen Mädchen Sadie. Hanni und Nanni starrten Elli verwundert an. Was trug sie bloß für eine seltsame Frisur?

„Elli, was hast du mit deinen Haaren gemacht?" fragte Hanni. „Du siehst einfach unmöglich aus. Hältst du dich vielleicht für einen Filmstar oder so was Ähnliches?"

„Sadie findet, daß ich großartig aussehe." Elli verzog beleidigt den Mund. „Sadie findet ..."

„Zu mehr reicht es bei Elli nicht mehr", sagte Jenny. „Sie ähnelt einer Schallplatte, die an einer Stelle hängengeblieben ist und nichts anderes hervorbringt als ‚Sadie findet ... Sadie sagt ... Sadie findet ...'"

Alle lachten. „Ich weiß ja nicht, was Frau Roberts dazu meint", sagte Doris. „Sie ist nicht wild auf ausgefallene Frisuren."

„Nun, aber Sadie sagt ...", begann Elli gekränkt – und sofort fielen alle Mädchen in den Kehrreim ein.

„Sadie findet ... Sadie sagt ... Sadie findet ... Sadie sagt", schrien sie im Chor. Doris sprang auf einen Stuhl und schlug den Takt dazu. Ellis Augen füllten sich mit Tränen.

„Eure Kusine kann den Wasserhahn immer noch so leicht aufdrehen wie vor den Ferien", sagte Jenny zu den Zwillingen.

Tröstend legte Sadie den Arm um sie.

„Mach dir nichts draus", meinte sie. „Komm, wir gehen."

„Warum sich eure Kusine nur mit dieser albernen Amerikanerin abgibt?" ertönte eine sanfte Stimme neben Hanni. „Gut, daß ihr gekommen seid. Sadie hat einen sehr schlechten Einfluß auf die Klasse."

Hanni drehte sich um und sah Helene Arnold. Sie war neu in Lindenhof. Hanni wußte nicht, ob sie das Mädchen mochte oder nicht. Helene hatte ein hübsches Gesicht, aber ihr Mund wirkte verkniffen, und sie hatte sehr eng beieinanderliegende Augen.

In diesem Moment läutete die Glocke zum Frühstück, und Hanni brauchte nicht zu antworten. Mit ihren Freundinnen rannte sie die Treppe hinunter. Sie wisperte Jenny zu: „Ist das Helene? Die sieht aber arg zimperlich aus!"

„Ja, und sie tut schrecklich brav", erwiderte Jenny. „Du hättest mal ihr Gesicht sehen sollen, als ich letzte Woche einen Radiergummi nach Hilda warf. Beinahe wäre die Milch sauer geworden."

„Ruhe, bitte!" sagte Frau Roberts. Die Zwillinge und Jenny hatten sich so viel zu erzählen, daß ihre Münder selbst während des Unterrichts nicht stillstanden. Hanni blickte kurz zu Helene hinüber. Sie saß mit gebeugtem Kopf da und las aufmerksam in ihrem Lehrbuch – sie sah aus wie eine richtige Musterschülerin.

Warum mag ich eigentlich Helene nicht? dachte Hanni. Vielleicht, weil sie so seltsam lacht! Ich bin ja mal gespannt, wieviel sie kann!

An diesem Morgen las Frau Roberts die Noten der letzten Klassenarbeit vor. Petra Erdmann, noch eine Neue, hatte den besten Aufsatz geschrieben. Helene Arnold war gerade Mittelmaß; die schlechtesten Arbeiten hatten Sadie, Elli, Carlotta und Doris abgegeben.

„Petra, für die erste Woche hast du sehr gut abgeschnitten", sagte Frau Roberts. „Ich merke, daß du dich sehr anstrengst und gründlich arbeitest. Wenn man bedenkt, daß du bei weitem die Jüngste der Klasse bist, ist das sehr beachtlich. Mach nur so weiter!"

Die Mädchen starrten Petra an, die aufrecht in ihrer Bank saß und vor Freude ganz rot wurde. Die Zwillinge betrachteten sie neugierig. Sie waren fast dreizehn und fanden es erstaunlich, daß ein elfjähriges Mädchen zu den Besten der Klasse gehören sollte.

Sogar für elf sieht sie klein aus, dachte Hanni. Und sie ist auch sehr blaß. Wahrscheinlich schuftet sie zuviel!

Petra war kein hübsches Mädchen. Sie trug eine dicke Brille, und ihr Haar hing in einem straffen Zopf den Rücken hinunter. Ihr Gesicht war meistens ernst, und sie ließ sich durch nichts vom Unterricht ablenken.

Aber es kam nicht nur Lob von Frau Roberts. Mit strengem Blick schaute sie auf Elli, Sadie, Doris und Carlotta.

„Ihr gebt euch wohl überhaupt keine Mühe", sagte sie. „Ich weiß, eine muß die Schlechteste sein, aber so miserabel wie ihr braucht niemand zu sein. Setz dich gerade hin, Sadie! Und du, Carlotta, brauchst nicht zu grinsen. Auf deine Leistungen kannst du dir nichts einbilden!"

Carlotta hörte auf zu lachen und runzelte die Stirn. Mit ihrem tiefschwarzen Haar, den dunklen Augen und der bräunlichen Haut wirkte sie wie eine wilde kleine Zigeunerin. Böse schaute sie Frau Roberts an.

Die Lehrerin tat so, als bemerke sie das nicht, und wandte sich an Doris. „Du bist jetzt schon zwei Jahre in der gleichen Klasse", sagte sie, „und noch kein Haar besser geworden. Du mußt dich endlich anstrengen."

„Ja, Frau Roberts", murmelte die arme Doris. Sie war nicht sehr klug, aber ein liebes, lustiges Mädchen. Und sie hatte eine erstaunliche Gabe, Leute nachzuahmen. Sogar die Lehrerinnen mußten lachen, wenn Doris eine ihrer Vorstellungen gab.

„Und jetzt zu dir, Elli", begann Frau Roberts. Sie hielt inne und schaute das Mädchen genauer an. „Du siehst verändert aus, Elli", sagte sie. „Anscheinend hast du vergessen, dich zu kämmen."

„Aber nein, Frau Roberts", entgegnete Elli eifrig. „Sadie hat mir eine neue Frisur gezeigt. Sadie sagt, ich hätte ein Gesicht, das ..."

„Elli, du willst doch nicht behaupten, daß du dich absichtlich so hergerichtet hast?" sagte Frau Roberts entsetzt.

Die Mädchen kicherten. Elli schwieg beleidigt.

„Ich habe es zwar nicht gern, wenn jemand meinen Unterricht versäumt", sagte die Lehrerin, „aber ich muß dich trotzdem bitten, zum Waschraum zu gehen und deine Haare in Ordnung zu bringen."

„Ich habe mir schon gedacht, daß sie hinausgeschickt wird", wisperte Jenny zu Hanni. Frau Roberts' scharfe Ohren vernahmen das Flüstern.

„Keine Gespräche", sagte sie. „Schlagt jetzt eure Mathematikbücher auf und löst die Aufgaben auf Seite sechzehn. Und ihr, Hanni und Nanni, bringt mir eure Hefte; ich will euch erklären, was wir in der letzten Woche durchgenommen haben."

Eine Weile herrschte Ruhe im Klassenzimmer, die Mädchen arbeiteten konzentriert. Elli kam bald zurück. Sie hatte ihre alte Frisur und sah wieder aus wie ein zwölfjähriges Schulmädchen. Mit hochrotem Gesicht setzte sie sich auf ihren Platz.

Helene und Petra, die nebeneinander saßen, waren so vertieft in die Arbeit, daß ihr Nasen fast in den Büchern verschwanden. Helene schaute kurz zu Petra hinüber, um die Rechenergebnisse zu vergleichen. Jenny stieß Hilda an.

„Unsere scheinheilige kleine Helene ist nicht zu vornehm, um bei Petra abzuschreiben", flüsterte sie. Hilda nickte. Sie wollte auch etwas sagen, aber Frau Roberts warf ihr einen strengen Blick zu.

Hanni und Nanni standen neben der Lehrerin am Pult. Frau Roberts erklärte. Die Zwillinge mußten mächtig aufpassen, um alles zu behalten. Endlich konnten sie an ihre Plätze zurückkehren. Frau Roberts stand auf und ging durch die Klasse.

Ein unterdrücktes Kichern ließ sie umschauen. Bobby Ellis hatte ein Blatt Löschpapier genommen und es der nichtsahnenden Helene auf den Kopf gelegt. Dort lag es nun und bewegte sich, sooft Helene sich rührte. Schließlich schwebte es hinunter auf den Boden.

„Da du anscheinend genügend Zeit hast, um mit Löschpapier rumzuspielen, Roberta, bist du sicher schon lange mit deiner Arbeit fertig", sagte Frau Roberts trocken. Bobby schwieg erschrocken. Sie hatte noch nicht mal die Hälfte der Rechenaufgabe fertig. „Nun, wenn du bis zum Ende der Stunde nicht alles gelöst hast,

wirst du in der großen Pause hierbleiben und die verlore-
ne Zeit nachholen", sagte Frau Roberts. „Helene, heb
bitte das Löschpapier auf und bring es mir!"

„Frau Roberts, ich habe nichts mit der Sache zu tun",
sagte Helene, die ängstlich bestrebt war, schuldlos dazustehen. „Ich war ganz in meine Arbeit vertieft. Ich ..."

„Gut", erwiderte Frau Roberts kühl. „Heb jetzt bitte das
Löschpapier auf und arbeite dann weiter."

Natürlich hatte Bobby ihre Aufgaben nicht fertig, als
es zur großen Pause läutete. Sie mußte im Klassenzimmer bleiben und sie beenden. Es gab keinen Zweifel:
Frau Roberts duldete keinerlei Unfug.

Die fünf Neuen

Nach zwei Tagen hatten sich die Zwillinge wieder vollkommen eingelebt. Was sie an Unterricht versäumt hatten, holten sie rasch nach.

In diesem Jahr war der Mai warm und trocken, und
die Mädchen trieben viel Sport – vor allem Tennis und
Schwimmen. Lindenhof besaß eigene Tennisplätze, und
Linda Turm, die für den Sport zuständig war, machte
einen genauen Stundenplan, damit niemand benachtei-
ligt wurde.

Die Zwillinge waren gute Tennisspielerinnen, und Frau
Wilton, die Sportlehrerin, lobte ihre Leistungen. „Wenn
ihr fleißig übt", sagte sie, „könnt ihr vielleicht in die
Schulmannschaft kommen."

Mit ihrer Kusine Elli war Frau Wilton längst nicht so zufrieden. Elli machte sich nichts aus Sport. „Ich hasse es, herumzurennen", sagte sie, „besonders, wenn es so heiß ist wie jetzt. Meine Haare kleben danach am Kopf, und ich sehe einfach scheußlich aus."

„Elli, du machst mich krank", rief Bobby, die immer genau das sagte, was sie dachte. In der Beziehung ähnelte sie Jenny, nur hatte sie nicht deren hitziges Temperament. „Du bist ein eitler Pfau, der dauernd bewundert werden will."

„Elli hat sich aber in letzter Zeit schon gebessert", verteidigte Hanni ihre Kusine. „Im Handball hat sie immerhin große Fortschritte gemacht."

„Wißt ihr, Sadie sagt ...", begann Elli wieder einmal. Weiter kam sie nicht, denn die anderen schrien sofort: „Sadie findet ... Sadie sagt ... Sadie findet ... Was sagt Sadie denn?" Elli wandte sich ärgerlich ab und rannte fort, um ihre Busenfreundin Sadie zu suchen.

Sadie hatte vor Sport genauso einen Horror wie Elli. Für sie zählten nur Kleider, Frisuren und Kino. Wie Elli war sie wasserscheu; schwimmen konnte sie überhaupt nicht. Elli konnte zwar schwimmen, aber wenn sie nur die große Zehe ins Wasser tauchte, jammerte sie: „Es ist eiskalt!" Zitternd blieb sie dann stehen, bis ihr eines der Mädchen einen unerwarteten Stoß gab. Mit lautem Schreckensschrei plumpste sie ins Becken, verschwand und kam kurz darauf prustend und zeternd wieder an die Oberfläche.

Von den Neuen war nur eine einzige eine gute Sportlerin – Bobby Ellis. Sie spielte ausgezeichnet Tennis

27

und schwamm sehr schnell – außerdem war sie ein Pfundskerl. Man wußte nie, was der leichtsinnigen Bobby im nächsten Augenblick einfallen würde.

Helene hatte für Sport nichts übrig, sicher vor allem deshalb, weil sie da nicht glänzen konnte. Dagegen hielt sie sich für eine gute Rednerin. Sie sprach gern über Themen wie: „Sollen Frauen die Welt regieren?" oder „Sollen Mädchen die gleiche Erziehung erhalten wie Jungen?"

„Ach, halt die Klappe!" rief Jenny dann. „Warte damit bis zum Unterricht. Mach lieber mal bei ein paar netten Sachen mit. Das wäre besser, als kluge Reden zu schwingen."

Petra nahm den Sport sehr ernst, trotzdem spielte sie schlecht Tennis und konnte auch nicht richtig schwimmen. „Wißt ihr", sagte sie zu ihren Kameradinnen, „in meiner früheren Schule haben wir ganz wenig Sport betrieben, und ich interessiere mich auch nicht sehr dafür. Ich lese lieber ein Buch oder bereite mich für den Unterricht vor."

„Du solltest wirklich ein bißchen weniger arbeiten", sagte Hanni. „Für deine elf Jahre bist du viel zu klug."

Carlotta hatte vorher noch nie Tennis gespielt, aber sie fing mit Feuereifer an, es zu lernen. In diesem herrlich warmen Mai verbrachten die Mädchen jede freie Minute an der frischen Luft. Sie schwammen, spielten Tennis, arbeiteten im Garten oder machten lange Spaziergänge über die Felder. Sadie und Carlotta hatten noch nie auf dem Land gelebt und staunten oft über Dinge, die den anderen selbstverständlich waren. Als sich Hanni einmal über die große Anzahl Frösche im Teich wunderte, kam Sadie interessiert näher.

„Im Frühjahr habe ich Froschlaich mitgenommen", sagte Hanni. „Daraus sind viele Kaulquappen geschlüpft, und jetzt habe ich viele kleine Fröschlein. Sie sehen ganz süß aus."

„Werden denn aus Kaulquappen Frösche?" erkundigte sich Sadie verwundert. Die Mädchen lachten sie aus.

„Bist du denn nicht zur Schule gegangen?" fragte Hanni.

„Eigentlich nicht. In Amerika hatte ich immer einen Hauslehrer. Der kam mit, wenn wir reisten", sagte Sadie. „Wir waren ja viel unterwegs, weil meine Mutter einen Prozeß führte und viel zu Rechtsanwälten mußte."

„Aber warum das?" fragte Nanni.

„Als mein Vater starb, hinterließ er ein seltsames Testament. Das ganze Erbe sollte an seine Schwester gehen. Meine Mutter erhob natürlich Einspruch. Jetzt werde ich das Geld bekommen, wenn ich einundzwanzig bin. Es ist ein Vermögen."

„Dann bist du also eine reiche Erbin." Helene sah sie bewundernd an. „Deshalb hast du auch so schöne Kleider und Schuhe." Und von dieser Zeit an sah man Helene oft in der Nähe der kleinen Amerikanerin.

„Diesmal sind wir ein gemischter Haufen", sagte Hanni zu Nanni, „ein sehr gemischter Haufen. Sicher dauert es eine Weile, bevor wir uns zusammenraufen."

Bobby heckt einen Streich aus

Nach einigen Wochen arbeitete die Klasse recht gut. Die Mädchen merkten, daß Frau Roberts streng durchgriff und daß es klüger war, sich gründlich vorzubereiten, als sämtliche Aufgaben nach dem Unterricht ein zweites Mal zu machen.

Jenny strengte sich diesmal sehr an, ihre Freundin Bobby konnte jedoch nicht länger als drei Tage hintereinander fleißig sein. Dann wurde es ihr langweilig, und die Klasse bekam wieder etwas zu lachen. Im Streicheaushecken war Bobby nämlich Weltmeisterin.

Besonders die Mathematikstunden vergingen ihr viel zu langsam. Mathematik war ihr ein Graus, noch dazu – was sollte man als Mädchen schon damit anfangen? „Wenn ich doch nur den Unterricht um zehn Minuten verkürzen könnte", seufzte sie eines Morgens, als sie sich anzog. „Frau Roberts will uns heute mündlich prüfen, und sicher weiß ich nicht das geringste."

„Hast du keine Idee, wie man das anstellen könnte?" fragte Jenny. „Ich mag mündliche Prüfungen genausowenig wie du. Vielleicht könnten wir die Uhrzeiger vorrücken, wenn Frau Roberts nicht hinschaut."

„Die hat sogar hinten Augen", sagte Bobby. „Solange Frau Roberts im Zimmer ist, können wir nichts unternehmen. Wenn sie nur einmal hinausginge! Aber das tut sie ja nie."

„Wie könnten wir sie bloß dazu bringen, daß sie rausgeht?" überlegte Hanni. „Bobby, du mußt dir etwas einfallen lassen!"

Bobby dachte lange nach. Plötzlich grinste sie und sagte: „Ich wette mit euch eine Tafel Schokolade, daß Frau Roberts während der Mathematikstunde unser Klassenzimmer verläßt."

Alle waren neugierig. Sicher plante Bobby etwas ganz Tolles.

Und das tat sie auch. Gedankenverloren trank sie ihren Kaffee, und gleich nach dem Frühstück verschwand sie. Sie ging in den Gemeinschaftsraum, in dem jetzt niemand war, nahm Briefblock und Federhalter und begann sorgfältig in Erwachsenenschrift zwei Zeilen zu schreiben. Sie lauteten:

„Bitte kommen Sie nach der großen Pause ins Lehrerzimmer."

Darunter machte sie einen Schnörkel, der aussah wie die Anfangsbuchstaben einer Lehrerin. Dann steckte sie den Zettel in den Umschlag, schrieb Frau Roberts' Namen drauf und lief hinauf in den Schlafsaal.

„Hast du dir eigentlich schon etwas ausgedacht?" fragte Jenny. „Ich habe inzwischen dein Bett gemacht!"

„Abwarten", tat Bobby geheimnisvoll.

In der ersten Stunde nach der großen Pause hatten die Mädchen Mathematik. Den ganzen Morgen schon waren sie ungeheuer kribbelig und bestürmten Bobby während der Pause, ihren Plan preiszugeben. Aber Bobby verriet nichts.

Als sie von ihren Mitschülerinnen schließlich in Ruhe

gelassen wurde, schlüpfte sie unbemerkt mit dem Brief hinaus und legte ihn auf Frau Jenks' Pult. Frau Jenks war die Klassenlehrerin der dritten Klasse und unterrichtete im angrenzenden Raum.

Frau Jenks wird meinen, daß man ihr den Briefumschlag versehentlich aufs Pult gelegt hat, dachte Bobby vergnügt. Sie wird eine ihrer Schülerinnen zu uns herüberschicken, und die wird den Brief bei Frau Roberts abgeben. Und dann wird Frau Roberts ins Lehrerzimmer gehen. Und während sie fort ist, stelle ich die Uhr vor.

Als es zum Unterricht läutete, ging die Klasse zurück in ihr Zimmer. Hilda blieb an der Tür stehen und überwachte den Korridor.

„Vorsicht! Frau Roberts", rief sie. Die Mädchen rannten an ihre Plätze und hörten auf zu reden. Frau Roberts trat ein und ging an ihr Pult.

„Heute müßt ihr ein bißchen besser arbeiten als gestern", sagte sie. „Außerdem will ich zehn Minuten vor Schluß ein paar von euch mündlich prüfen – und wehe, wenn das Ergebnis wieder so miserabel ist wie die letzten Male! Elli, bitte, setz dich ordentlich hin. Du bist hier, um zu rechnen, und nicht, um wie Dornröschen einen hundertjährigen Schlaf zu beginnen."

„Oh, Frau Roberts, müssen Sie uns unbedingt an einem so heißen Tag mündlich prüfen?" meinte Elli seufzend. „Die Hitze macht mich immer so müde, besonders gegen Ende des Unterrichts."

„Nun, meine Fragen werden dich schon aufmuntern", sagte Frau Roberts grimmig. „Und jetzt Seite siebenundzwanzig, bitte. Bobby, warum schaust du eigentlich dauernd zur Tür?" fragte sie stirnrunzelnd.

Bobby fuhr erschrocken zusammen. „Habe ich – habe ich zur Tür geschaut?" stotterte sie, ganz aus der Fassung gebracht.

„Ja, das hast du! Wie wäre es, wenn du zur Abwechslung einmal in dein Buch schauen würdest?"

Bobby öffnete ihr Buch. Aber sie konnte sich auf ihre Rechenaufgabe nicht konzentrieren. Ständig fragte sie sich, ob Frau Jenks wohl den Brief finden würde. Hoffentlich! Sonst wäre der ganze Spaß verdorben.

Bobby konnte beruhigt sein. Zuerst allerdings übersah Frau Jenks den Brief und legte ihre Bücher darauf. Gleich danach war sie an die Tafel gegangen, um ein paar Regeln anzuschreiben. Erst als sie Tessie beauftragte, ihr vom Pult das Lehrbuch zu bringen, wurde der Brief gefunden. Tessie hob nämlich den ganzen Stoß Bücher in die Höhe und entdeckte den Umschlag.

„Frau Jenks", sagte sie, „auf Ihrem Pult ist eine Mitteilung für Frau Roberts. Glauben Sie, daß sie jemand aus Versehen hierher gelegt hat?"

„Zeig sie mir!" befahl Frau Jenks. Tessie brachte ihr den Umschlag, und Frau Jenks betrachtete ihn einen Augenblick gedankenvoll. Dann sagte sie: „Wahrscheinlich hat jemand das Klassenzimmer verwechselt. Tessie, trage den Brief zu Frau Roberts hinüber, komm aber gleich wieder zurück!"

Tessie verließ den Raum und klopfte an die Tür des danebenliegenden Klassenzimmers. Dort war kein Laut zu hören. Als Bobby das Klopfen vernahm, wurde sie ganz aufgeregt. Erwartungsvoll schaute sie auf. Frau

33

Roberts rief ungeduldig: „Herein", denn sie haßte Unterbrechungen.

„Entschuldigen Sie, Frau Roberts", sagte Tessie höflich, „aber Frau Jenks hat mich beauftragt, Ihnen das zu bringen."

Das war besser, als Bobby gehofft hatte. Denn nun sah es so aus, als ob die Mitteilung direkt von Frau Jenks käme. Frau Roberts würde keinerlei Verdacht schöpfen. Die Lehrerin nahm den Brief, nickte Tessie zu und öffnete den Umschlag. Sie las den Zettel und runzelte die Stirn. Warum nur wollte man sie gerade jetzt sprechen? Während des Unterrichts ließ sie nie gern ihre Klasse allein, besonders nicht, wenn Mathematik dran war. Aber es blieb ihr nichts anderes übrig als nachzuschauen, was es Wichtiges gab.

Frau Roberts stand auf. „Macht eure Rechenaufgaben fertig", sagte sie, „und verhaltet euch ruhig. Ich bin gleich wieder zurück."

Die Mädchen schauten erstaunt auf. Sie errieten sofort, daß Bobby an der ganzen Sache nicht unbeteiligt war. Als die Lehrerin das Zimmer verlassen hatte, drehten sie sich zu Bobby um, aber die grinste nur.

„Wie hast du denn das fertiggebracht?" erkundigte sich Jenny flüsternd.

„Bobby", sagte Hanni verwundert, „du hast doch diesen Zettel nicht selber geschrieben, oder?"

Bobby nickte und sprang auf. Eilig rannte sie zu der runden Schuluhr und rückte den großen Zeiger um mehr als zehn Minuten vor. Dann ging sie seelenruhig auf ihren Platz zurück.

„Du hast wirklich Nerven", sagte Hilda bewundernd. Sogar die schüchterne Petra lächelte.

Nur Helene war mit Bobbys Vorgehen nicht einverstanden. „Ich finde, das geht eindeutig zu weit", murmelte sie.

Sadie gab ihr einen Stoß. „Sei kein Spielverderber", sagte sie mit ihrer breiten amerikanischen Aussprache. „Kannst du denn nie einen Spaß mitmachen?"

„Was wohl die gute Frau Roberts jetzt tut?" fragte Jenny.

„Sie sitzt sicher mutterseelenallein im Lehrerzimmer und wartet auf jemand, der nicht kommt!" Bobby lachte sich ins Fäustchen. „Ich möchte nur wissen, wie lange sie das aushält."

Frau Roberts war ins Lehrerzimmer gegangen, aber dort war niemand. Sie setzte sich auf einen Stuhl und wartete. Aber kein Mensch ließ sich blicken.

Ungeduldig stampfte sie mit dem Fuß auf. Schließlich beschloß sie, zu Frau Jenks zu gehen.

Frau Jenks war sehr überrascht, als Frau Roberts in ihr Klassenzimmer kam und sich wegen des Zettels erkundigte. „Ich weiß nichts davon", sagte sie. „Ich habe den Brief nur zu Ihnen hinübergeschickt, weil Ihr Name auf dem Umschlag stand. Ich dachte, er sei versehentlich auf mein Pult geraten."

Frau Roberts ging verwundert in ihre Klasse zurück. Sie warf einen prüfenden Blick auf die Mädchen, die mit gebeugten Köpfen dasaßen und eifrig zu arbeiten schienen.

Zu schön, um wahr zu sein, dachte Frau Roberts, die

dem Frieden nicht traute. Sicher haben sie die ganze Zeit geschwätzt und gealbert.

Die Lehrerin war zu sehr mit ihren Gedanken beschäftigt, um auf die Uhr zu schauen. Sie ging durch die Klasse und prüfte nach, wie weit die Mädchen mit ihren Aufgaben gekommen waren. Als sie alle Hefte angesehen hatte, sagte sie: „Zeit für die mündliche Prüfung. Macht die Bücher bitte zu."

Dann blickte sie zur Uhr. Erstaunt blieb sie stehen. Der Unterricht war ja schon zu Ende! Wie schnell doch die Stunde vergangen war! Aber sie hatte schließlich auch eine Menge Zeit mit nichts und wieder nichts vertrödelt. „Nun seht bloß einmal auf die Uhr", rief sie. „Jetzt kann ich euch nicht mehr prüfen. Packt rasch eure Bücher zusammen. Mamsell wird jeden Augenblick hereinkommen."

Mit heimlichem Grinsen steckten die Mädchen ihre Bücher weg. Frau Roberts verließ das Zimmer und ging zur vierten Klasse, die jetzt Mathematik bei ihr hatte. Inzwischen war das Ende der Stunde tatsächlich gekommen. Aber für die vierte Klasse fiel die Pause aus. Die Schülerinnen waren sehr erstaunt, als Frau Roberts bei ihnen auftauchte, kaum daß die andere Lehrerin sie verlassen hatte.

„Bobby, du bist ein Juwel", sagte Elli, „du hast uns diese schreckliche Prüfung erspart."

„Es ist gelaufen wie am Schnürchen", meinte Hanni. „Das hast du wunderbar gemacht."

„Ach, das war kinderleicht", sagte Bobby bescheiden. Im geheimen war sie doch sehr stolz auf das Lob. Nur

Helene war wieder anderer Ansicht: „Irgendwie finde ich es nicht recht, wie ihr eure Lehrerin behandelt."

„Geh doch zu Frau Roberts und erzähl ihr alles brühwarm", erwiderte Bobby sofort. „Hast du denn gar keinen Humor?"

„Helene will anscheinend, daß man ihr mal ein paar Streiche spielt", sagte Jenny. „Sie ist ja ein so braves Mädchen. Sicher wachsen ihr bald Engelsflügel!"

Frau Roberts wunderte sich noch eine ganze Weile über die seltsame Notiz. Diesmal dachte sie nicht an einen Streich der Mädchen. Sie vermutete irgendein Versehen und vergaß den Vorfall. Wahrscheinlich wäre er vergessen geblieben, wenn nicht Bobby und Jenny, berauscht von dem leichten Erfolg, sehr bald schon etwas ganz Ähnliches gemacht hätten.

Jenny hat Ärger

In der gleichen Woche lief im Kino ein guter historischer Film über Robin Hood. Frau Lewis, die Geschichtslehrerin, ermunterte die Klasse, ihn anzusehen. „Ihr könnt euch dann ein viel besseres Bild von der Zeit der Kreuzzüge machen", sagte sie und fügte hinzu: „Wer mir den besten Aufsatz über den Film schreibt, erhält eine besondere Belohnung."

Es war in der Woche nicht einfach für die Klasse, das Kino zu besuchen. An den Nachmittagen hatten die Mädchen Unterricht oder Sport, und die meisten

Abende waren mit Arbeitsgemeinschaften und sonstigen Zusammenkünften belegt.

„Vor Freitag werde ich es nicht schaffen", seufzte Jenny. „Wenn ihr Glücklichen heute abend geht, muß ich für Frau Walker die Zeichensachen ordnen. Warum habe ich mir nur diese blöde Arbeit aufgehalst? Meine Gutmütigkeit wird mich noch ruinieren!"

„Du wirst es überleben!" spottete Bobby. „Mach dir nur deshalb keine Sorgen."

Aufgebracht warf Jenny ihren Radiergummi nach Bobby. Sie befanden sich mit ihren Klassenkameradinnen im Gemeinschaftsraum; es war ein unheimlicher Lärm. Auf der einen Seite des Raumes spielte das Radio, auf der anderen Seite setzte jemand den Plattenspieler in Betrieb. Außerdem trugen Suse und Katrin mit voller Lautstärke einen Streit aus.

„Müssen eigentlich das Radio und der Plattenspieler gleichzeitig laufen – zumal überhaupt niemand zuhört?" versuchte Petra den Lärm zu übertönen. „Ich möchte gerne arbeiten, aber das ist schier unmöglich."

„Jetzt ist auch nicht die richtige Zeit zum Lernen", erwiderte Hanni. „Es wäre besser, du würdest mal eine Pause einlegen. Sadie hat erzählt, daß du sogar noch im Schlaf Geschichtszahlen vor dich hin murmelst."

„Bobby, bring mir für Freitag eine Kinokarte mit", bat Jenny, die überall ihren Radiergummi suchte. „Wenn mich Frau Roberts nicht früher weggehen läßt, muß ich mich schrecklich beeilen."

„Mich hat sie früher gehen lassen", sagte Hilda. „Ich war gestern im Kino."

„Ich werde sie bitten, mich auch früher gehen zu lassen", überlegte Jenny. „Meine Güte, wo ist bloß dieser blöde Radiergummi? Warum habe ich nur Bobby damit beworfen!"

Am nächsten Tag war Donnerstag, und die Klasse ging gemeinsam ins Kino. Nur Jenny blieb zurück. Sie hielt ihr Versprechen und säuberte die Zeichensachen.

Ich kann den Film ja morgen sehen, dachte sie, als sie den großen Schrank ausräumte und die seltsamsten Dinge zutage förderte. Du liebe Zeit, was für Kram sich im Laufe der Zeit ansammelt! Ich glaube, dieser Schrank ist seit Jahrhunderten nicht in Ordnung gebracht worden.

Am nächsten Tag hatte Jenny Pech. In der Woche war sie an der Reihe, die Blumen zu versorgen, und Frau Roberts hatte entdeckt, daß in den Vasen kaum Wasser war. Vorwurfsvoll schaute sie Jenny an.

„Kein Wunder, daß die Blumen die Köpfe hängen lassen", sagte sie. „Die Vase ist fast leer. Ich finde, du solltest etwas sorgfältiger sein und deine Pflichten ernster nehmen."

Jenny wurde rot. Eigentlich vergaß sie selten was, aber an die Blumen hatte sie diesmal wirklich nicht gedacht. Sie murmelte eine Entschuldigung und ging hinaus, um einen Krug Wasser zu holen. Nach kurzer Zeit kam sie zurück. Sie trat ans Fensterbrett und wollte gerade die Pflanzen gießen, als die Schulkatze durchs Fenster sprang.

Jenny erschrak und wich zurück. Bei der heftigen Bewegung kam der Krug ins Wanken. Wasser spritzte heraus – und über Helenes Hinterkopf. Sofort rann es den Nacken hinunter. Helene stieß einen lauten Schrei aus. Frau Roberts schaute verärgert auf.

„Was ist los, Helene? Jenny, was hast du gemacht?"

„Frau Roberts! Jenny hat mich mit Wasser bespritzt!" beschwerte sich Helene. „Sie hat es absichtlich getan!"

„Das ist nicht wahr", schrie Jenny erbost. „Die Katze ist durchs Fenster gesprungen, und ich bin zurückgewichen. Dabei ist mir der Krug ein bißchen aus der Hand geglitten. Das ist alles!"

Frau Roberts sah Jenny kühl an. Sie hatte schon zu viel Schabernack erlebt, um diesmal an ein Mißgeschick zu glauben.

„Helene, geh in den Waschraum und trockne dich ab", sagte sie. „Und du, Jenny, wirst dafür heute abend für Helene die Grammatikregeln abschreiben. Deinetwegen kann sie jetzt nicht mitschreiben."

Jenny starrte Frau Roberts entsetzt an. Sie wollte doch heute abend zeitig fortgehen, um den Film zu sehen. „Es war wirklich und wahrhaftig ein Mißgeschick", sagte sie. „Kann ich nicht die Grammatikregeln während der großen Pause abschreiben?"

„Du wirst es heute abend tun." Frau Roberts blieb fest. „Und jetzt höre endlich auf, mit dem Wasser herumzuspielen. Geh bitte an deine Arbeit."

Jenny preßte die Lippen zusammen und ging verärgert zum Waschraum, um den Krug wegzustellen. Dort traf sie Helene, die sich inzwischen abgetrocknet hatte. Eigentlich war sie kaum naß geworden.

„Helene, du weißt ganz genau, daß es ein Mißgeschick

war. Ich will doch heute abend früher weg, um rechtzeitig ins Kino zu kommen. Das klappt aber nur, wenn du Frau Roberts sagst, daß ich nichts dafür kann."

„Das werde ich ganz sicher nicht tun", erwiderte Helene. „Du und Bobby, ihr habt nichts Besseres im Sinn, als andere zu ärgern. Ich helfe dir nicht aus der Patsche."

Mit erhobenem Kopf verließ sie den Waschraum. Jenny starrte ihr nach. Sie war böse und sehr verletzt. Sie warf den Krug in den Schrank und knallte die Tür zu. Jenny war sehr temperamentvoll, und in dem Augenblick hätte sie am liebsten mindestens ein Dutzend Krüge mit eiskaltem Wasser über Helenes Kopf ausgeleert.

In der großen Pause erzählte sie Bobby, was geschehen war. Bobby schüttelte sich vor Abscheu. „Helene tut immer so brav und freundlich. Dabei ist sie eine ganz scheinheilige Kuh. Was machen wir nur, damit du früher wegkommst?"

„Das schaffen wir nicht", meinte Jenny trübselig. „Frau Roberts wird mich heute abend nicht aus den Augen lassen."

„Ich frage mich, ob wir Frau Roberts nicht wieder aus dem Zimmer lotsen können!" sagte Bobby, und ihre Augen begannen zu glänzen.

„Sei nicht blöd!" erwiderte Jenny. „Wir können sie nicht zweimal auf die gleiche Weise hereinlegen – auf jeden Fall nicht so schnell hintereinander."

„Wie wäre es, wenn wir es ein wenig anders anpackten?" meinte Bobby, „wenn wir zum Beispiel dich hinausrufen lassen?"

„Ooooh!" sagte Jenny und begann zu strahlen. „Das ist eine gute Idee. So könnte es vielleicht hinhauen. Aber wann soll ich das schreckliche Zeug abschreiben?"

„Das nehme ich dir ab", bot Bobby sich an. „Ich kann meine Handschrift sehr leicht verstellen. Frau Roberts wird garantiert nichts merken."

„In Ordnung", meinte Jenny. „Wie sollen wir es anstellen?"

„Ich frage Frau Roberts, ob ich ein Buch aus der Bibliothek holen darf", erklärte Bobby. „Und wenn ich zurückkomme, sage ich: ,Frau Roberts, Mamsell bittet Sie, daß Sie Jenny zu ihr schicken. Mamsell möchte ihr etwas erklären.' Und ich wette, daß dich Frau Roberts lammfromm gehen läßt – dann kannst du rechtzeitig weg und dir den Film ansehen."

„Ein bißchen gefährlich ist es schon", meinte Jenny. „Aber ich versuche es. Hoffentlich werde ich nicht geschnappt."

Die unbekümmerte Bobby grinste. „Wer wagt, der gewinnt! Außerdem kannst du auf mich zählen."

Als am Abend die Mädchen im Klassenzimmer saßen und ihre Aufgaben machten, hob Bobby die Hand. „Frau Roberts, kann ich schnell zur Bibliothek gehen und ein Buch holen?" fragte sie.

„Ja, aber beeile dich", erwiderte die Lehrerin, ohne den Kopf zu heben. Sie war gerade dabei, Hefte zu korrigieren. Bobby zwinkerte Jenny zu und schlüpfte aus dem Zimmer. Mit einem Buch unter dem Arm kehrte sie zurück. Sie ging zu Frau Roberts' Pult und sagte: „Bitte, Frau Roberts, kann Jenny zu Mamsell gehen? Mamsell will ihr etwas erklären." Jenny wurde rot vor Aufregung.

„Nanu", sagte Frau Roberts ziemlich erstaunt. „Ich habe Mamsell doch gerade im Lehrerzimmer gesehen, und sie hat nichts davon erwähnt. Aber geh lieber, Jenny. Du kannst die Grammatikregeln später abschreiben, wenn du mit den anderen im Gemeinschaftsraum bist."

„Vielen Dank, Frau Roberts", murmelte Jenny und rannte aus dem Zimmer. Sie lief zur Garderobe, nahm ihren Mantel und schlich durchs Gartentor. Dann ging sie zum Schuppen und holte ihr Rad. So schnell sie konnte, fuhr sie zur Stadt. Hoffentlich traf sie nicht gerade eine Lehrerin oder eine ältere Schülerin!

Aber kein Mensch sah sie. Im Kino verfolgte sie gebannt den Film und dachte nicht mehr an die Schule. Die Klasse machte in der Zeit die Hausaufgaben für den nächsten Tag. Niemand vermißte Jenny. Nur Helene hatte gemerkt, daß irgend etwas im Gange war. Sie hatte die Blicke beobachtet, die sich Jenny und Bobby zuwarfen.

Sie schöpfte noch mehr Verdacht, als sie sich später am Abend nach Jenny umsah und sie nicht im Gemeinschaftsraum entdecken konnte. „Jenny bleibt aber sehr lange bei Mamsell", sagte sie zu Bobby.

„Wirklich", erwiderte Bobby. „Sicher machen sie sich eine nette Stunde."

Bobby hatte inzwischen die Grammatikregeln abgeschrieben; sie hatte sich alle Mühe gegeben, Jennys Handschrift möglichst gut nachzumachen. Als Helene einen Augenblick den Raum verlassen hatte, legte sie ihr das Heft auf die Bank. Dort fand es Helene als sie zurückkam. Sie schaute sich nach Jenny um. Doch die war nirgends zu sehen. Seltsam!

Helene blickte ihr Heft genauer an. Das war doch nicht Jennys Schrift! Sie ging zu Bobby hinüber, die lässig in einem Sessel lag und ein Buch las.

„Das ist nicht Jennys Handschrift", sagte sie und deutete auf das Heft. Bobby nahm keine Notiz von ihr, sondern las ruhig weiter. „Bobby", rief Helene aufgebracht, „ich habe gesagt, das ist nicht Jennys Handschrift!"

„Hast du das gesagt?" fragte Bobby. „Nun, dann sag es noch einmal, wenn du möchtest. Ich glaube aber nicht, daß es irgend jemand interessiert."

„Sicher habt ihr beide wieder etwas ausgeheckt", sagte plötzlich Helene. „Ich glaube nicht, daß Jenny zu Mamsell kommen sollte – und ich glaube, daß du diese Grammatikregeln geschrieben hast."

„Halt den Mund! Ich lese und will nicht gestört werden", erwiderte Bobby. Helene ärgerte sich gewaltig. Jenny hatte es also doch fertiggebracht, ins Kino zu kommen. Nun, sie würde schon dafür sorgen, daß es Frau Roberts erfuhr.

Am nächsten Morgen, als Frau Roberts die von Jenny geschriebenen Grammatikregeln sehen wollte, deckte Helene die Karten auf. Sie ging mit ihrem Heft zu Frau Roberts' Pult und zeigte es ihr. Die Lehrerin warf einen flüchtigen Blick darauf und nickte. „In Ordnung." Ihr war nichts aufgefallen.

„Bobby hat es doch sehr sauber geschrieben, nicht wahr?" sagte Helene mit leiser, sanfter Stimme.

Frau Roberts schaute erst das Heft an und dann

Helene. Sie hatte verstanden. „Du kannst auf deinen Platz zurückgehen", sagte die Lehrerin kühl, denn sie konnte es nicht leiden, wenn eine ihrer Schülerinnen petzte.

Helene setzte sich lächelnd in ihre Bank. Sie freute sich, daß alles genauso gelungen war, wie sie es geplant hatte.

Bei der nächsten Gelegenheit sprach Frau Roberts mit Mamsell.

„Haben Sie zufällig gestern abend Jenny Robins eine Nachhilfestunde gegeben?" fragte sie.

Mamsell hob erstaunt die Augenbrauen. „Ich war im Kino", erwiderte sie, „und Jenny war auch dort. Ich habe sie gesehen. Wieso fragen Sie eigentlich? Übrigens unterrichte ich nie am Abend."

„Vielen Dank", sagte Frau Roberts und wandte sich an ein vorbeigehendes Mädchen.

„Suche Jenny, sie soll sofort zu mir kommen!" Das Mädchen rannte weg und suchte Jenny. Sie fand sie auf dem Tennisplatz.

„Auweia", seufzte Jenny. „Jetzt hat's mich erwischt. Die Katze ist aus dem Sack — aber wer hat sie herausgelassen? Bobby, ich sag dir für immer Lebwohl, eine wutschnaubende Frau Roberts erwartet mich — das werde ich nicht lebend überstehen!"

Bobby grinste. „Arme Jenny", sagte sie. „Viel Glück. Ich werde dir die Daumen halten!"

Jenny, Bobby – und Helene

Jenny ging sofort zu Frau Roberts. Unangenehme Dinge schob sie nie hinaus.

Die Lehrerin saß im Klassenzimmer und korrigierte Hefte.

„Komm hierher", sagte sie. Jenny ging zu ihrem Pult. Frau Roberts schaute noch die Arbeit durch, die vor ihr lag, und legte dann den Federhalter beiseite.

„Du hattest also gestern abend keine Nachhilfestunden bei Mamsell?" fragte sie.

„Nein, Frau Roberts", erwiderte Jenny wahrheitsgemäß. „Ich bin im Kino gewesen. Bobby hatte mir am Tag zuvor eine Karte mitgebracht – und ich wollte so gern den Film sehen."

„Und wer hat die Grammatikregeln in Helenes Heft geschrieben?" fragte die Lehrerin. „Du hattest doch keine Zeit dazu."

„Nein, Frau Roberts, ich war es nicht", sagte Jenny zögernd. „Ich – ich möchte niemanden verpetzen."

„Das verlange ich auch gar nicht. Es gibt nichts, das ich mehr verabscheue. Ich wollte nur sichergehen, daß du die Regeln nicht selber geschrieben hast."

„Garantiert hat Helene geschwatzt", sagte Jenny, und ihr gutmütiges Gesicht wurde rot vor Zorn.

„Ich möchte auch niemanden verpetzen", erwiderte Frau Roberts, „aber es wird dir gewiß nicht schwerfallen, die Wahrheit zu erraten. Auf jeden Fall lasse ich mir ein solches Benehmen nicht gefallen. Ich weiß zwar, daß du im allgemeinen fleißig und aufmerksam bist, aber manchmal hast du ein zu hitziges Temperament, eine zu scharfe Zunge – und zu viele Dummheiten im Kopf. Du und deine Freundin Bobby, ihr müßt euch endlich einmal zusammenreißen und begreifen, daß ich nicht mit mir spaßen lasse."

Jenny wurde wieder rot. Sie schaute die Lehrerin freimütig an.

„Es tut mir leid", sagte sie, „aber ich fand es einfach nicht gerecht, daß ich nicht wie die anderen ins Kino gehen durfte. Schließlich habe ich das Wasser nicht mit Absicht auf Helene geschüttet. Es war ein reines Mißgeschick. Wenn ich es absichtlich getan hätte, dann würde es mir auch nichts ausmachen, dafür bestraft zu werden."

„Bitte überlasse mir die Entscheidung, ob eine Strafe gerecht ist oder nicht", sagte Frau Roberts kühl. „Nun, da du mich gestern belogen hast, kann ich dir vorerst nicht mehr vertrauen. Deshalb wirst du mich jedesmal um Erlaubnis fragen, wenn du in die Stadt gehen willst. Außerdem hast du in der nächsten Woche Hausarrest. Und dann verlange ich noch, daß du selber diese Grammatikregeln abschreibst – und zwar in Helenes Heft, wie ich es angeordnet habe."

„Muß ich es denn ausgerechnet in Helenes Heft machen?" fragte Jenny entsetzt. „Jetzt stehen die Grammatikregeln doch schon drin. Und außerdem wird Helene triumphieren, wenn ich sie um ihr Heft bitte."

„Du hast dir die Sache selbst eingebrockt. Und dann möchte ich dir noch etwas sagen: Du bist zwar eine gute Schülerin, aber du könntest noch wesentlich bessere Leistungen zeigen. Außerdem neige ich fast dazu, mich einmal näher mit dieser geheimnisvollen Notiz zu befassen, die ich vor einiger Zeit während des Mathematikunterrichts erhielt. Ich habe das Gefühl, daß sich diese beiden Ereignisse auffallend ähneln. Wenn noch einmal so etwas vorkommt, dann könnt ihr mit einer strengen Bestrafung rechnen. Bitte sag das auch deiner Freundin Roberta!"

„Ja, Frau Roberts", erwiderte Jenny leise. Sie merkte, daß sie jetzt kein Entgegenkommen erwarten konnte. Die Lehrerin haßte es, hereingelegt zu werden.

„Du kannst jetzt gehen", sagte sie zu Jenny und griff sich ein Heft. Schweigend begann sie zu korrigieren. Jenny zögerte. Sie wollte gern noch etwas zu ihrer Entschuldigung vorbringen, aber sie ahnte, daß jetzt nicht der richtige Zeitpunkt dafür war. Mit gesenktem Kopf verließ sie das Zimmer und ging zum Tennisplatz zurück.

Bobby wartete schon ungeduldig auf sie. Als sie Jennys bedrücktes Gesicht sah, ging sie schnell auf sie zu und legte den Arm um sie.

„War es sehr schlimm?" fragte sie mitfühlend.

„Scheußlich", sagte Jenny. „Ich fühle mich so klein wie eine Ameise. In der nächsten Woche habe ich Hausarrest, und danach muß ich jedesmal Frau Roberts um Erlaubnis fragen, wenn ich in die Stadt gehen will. Das ist so demütigend! Und stell dir vor, Bobby, ich muß diese schrecklichen Grammatikregeln noch mal abschreiben – und wieder in Helenes Heft!"

„Das ist wirklich gräßlich!" Bobby begriff sofort, wie sich Helene darüber freuen würde. „Wie hat denn die Roberts die Sache herausgefunden?"

„Ich kann mir nur eins vorstellen", sagte Jenny wütend, „diese gemeine Ziege muß mich verpetzt haben! Die kann was erleben!"

In diesem Augenblick kamen die Zwillinge. Als sie erfuhren, was Jenny passiert war, waren sie bestürzt. „Ich habe gehört, wie diese falsche Schlange gesagt hat: ‚Bobby hat es doch sehr sauber geschrieben, nicht wahr?', als sie Frau Roberts ihr Heft zeigte", berichtete Hanni. „Ich wußte natürlich nicht, was es bedeutete. Ich habe gedacht, sie wollte etwas Nettes über Bobby sagen. Ich ahnte nicht, daß sie auf diese Weise die arme Jenny verpetzte."

„Diese Petze!" rief Bobby. Ihre Augen sprühten, und ihre Wangen wurden flammend rot. „Ich zahle es ihr heim. Solch eine gemeine Petze! Ich werde zu ihr gehen und ihr Heft für dich holen, Jenny. Du brauchst das nicht auch noch zu tun – und wenn sie es wagt, nur ein einziges Wort zu mir zu sagen, wenn sie nur ihre sanfte höhnische Stimme erhebt, kratze ich ihr die Augen aus!"

„Ach was, Bobby, laß das lieber", sagte Jenny. „Das führt doch zu nichts. Überlaß das lieber Carlotta!"

Alle grinsten, Carlotta war ein wildes kleines Ding, und wenn sie zornig war, war sie zu allem fähig. Am Tag zuvor hatte sie Elli eine kräftige Ohrfeige gegeben, weil sich Elli über Carlottas Haare lustig machte. Elli war nach der Backpfeife natürlich in Tränen zerflossen.

49

4 3643-10

„Carlotta, wir verhauen uns in diesem Land nicht", hatte Hilda gesagt. „Vielleicht tut man das bei euch in Spanien – bei uns ist das nicht Sitte. Kapiert?"

Aber Carlotta hatte bloß mit dem Fuß aufgestampft und geschrien: „Wenn ich schlagen will, schlage ich! Was gehen diesen eitlen Fratz meine Haare an?"

An diesen Zwischenfall erinnerten sich die Zwillinge, Jenny und Bobby, als sie auf dem Tennisplatz standen und Bobbys Drohung hörten.

„Auf jeden Fall werden wir ihr zeigen, was wir von ihr halten", sagte Hanni seufzend. „So einfach kommt sie nicht davon!"

„Ich hole jetzt ihr Heft", sagte Bobby und ging zum Gemeinschaftsraum, denn dort war Helene meistens zu finden. Wie Petra war sie selten draußen im Freien.

Helene saß am Tisch und löste ein Kreuzworträtsel. Bobby stellte sich neben sie. „Wo ist dein Grammatikheft? Ich will es haben!"

„Ach, mußt du noch etwas hineinschreiben?" fragte Helene mit ihrer leisen, sanften Stimme. „Arme Bobby! Tust du es wieder für Jenny?"

„Schau mich an, du gemeine Petze!" sagte Bobby in einem so drohenden Ton, daß Helene erschrocken zusammenzuckte. Sie hob den Kopf und blickte Bobby an. Bobby war weiß vor Zorn, und ihre Augen glitzerten böse.

„Das wird dir noch leid tun!" drohte Bobby. „Ich hasse Petzen mehr als alles andere. Wenn du noch einmal jemanden reinlegst, wirst du es bereuen. Das kannst du mir glauben!"

Helene zitterte vor Angst. Wortlos stand sie auf, ging an ihr Regalfach und holte das Grammatikheft. Bobby riß es ihr wutentbrannt aus der Hand und verließ den Raum.

„Meine Güte", sagte eine leise Stimme. „Meine Güte! Bobby war aber zornig! Helene, was hast du nur getan?"

Petra saß mit einem Buch in einer Ecke des Gemeinschaftsraumes und sah Helene durch ihre dicken Brillengläser an.

„Nichts, überhaupt nichts. Ich habe nicht gepetzt. Bobby kann mich nur nicht leiden, weil ich ihre Streiche albern und kindisch finde. Findest du nicht auch, daß sie albern und kindisch sind?"

„Im Grunde mag ich keine Scherze, bei denen jemand hereingelegt wird", meinte Petra. „Ich habe schon immer viel lieber gelernt. Aber einige von Bobbys und Jennys Streichen finde ich wirklich komisch."

„Du bist ein nettes Mädchen, Petra", sagte Helene und ging zu ihr hinüber. „Und so klug! Ich würde mich freuen, wenn wir Freundinnen werden könnten. Dich und Sadie kann ich von der ganzen Klasse am besten leiden."

Petra errötete vor Freude. Sie war ein schüchternes Mädchen, das sich sehr schwer an jemanden anschloß. Und die anderen beachteten sie auch nicht sonderlich, denn sie war ungeschickt beim Spielen und auch sonst recht unbeholfen. Petra bemerkte nicht, daß Helene sie nur ausnützen wollte.

„Natürlich möchte ich mit dir befreundet sein", sagte Petra scheu.

„Du bist wirklich sehr gut im Unterricht", sagte Helene

bewundernd. „Ich wäre froh, wenn du mir manchmal helfen könntest. Sadie möchte ich auch gern zur Freundin haben – außerdem würde es ihr guttun, einmal an etwas anderes zu denken als an ihr Haar, ihre Kleider und ihr hübsches Gesicht. Ich mag Sadie sehr, du auch?"

„Ich habe ein bißchen Angst vor ihr", gestand Petra. „Sie hat so tolle Kleider, und manchmal schaut sie so vornehm aus, sie scheint schon richtig erwachsen zu sein. Neben ihr komme ich mir immer klein und schäbig vor. Ich weiß wirklich nicht, ob ich sie mag oder nicht."

Als Helene ihr Heft zurückbekam, schaute sie neugierig hinein. Ja, da standen die Grammatikregeln ein zweites Mal, abgeschrieben von Jennys ziemlich ausladender Schrift – und Frau Roberts hatte sie abgezeichnet.

Jetzt hat sie es also doch tun müssen! dachte Helene. Das geschieht ihr recht. Vielleicht werden mich Jenny und Bobby nun endlich in Ruhe lassen!

Überraschungen mit Carlotta

Jedes der fünf neuen Mädchen lebte sich auf andere Weise in Lindenhof ein. Sadie verbrachte die Schulzeit, ohne sich sonderlich um den Unterricht zu kümmern. Sie lebte in ihrer eigenen Welt, dachte nur an ihr Aussehen und fühlte sich bloß deshalb zu Elli hingezogen, weil sie hübsch und niedlich war.

Helene und Petra gewöhnten sich auch rasch ein. Helene bemühte sich, Bobby und Jenny aus dem Weg zu gehen. Bobby war bald ganz heimisch in der Schule. Auch Carlotta paßte sich an, obwohl sie den anderen Mädchen immer etwas geheimnisvoll erschien.

„Manchmal spricht sie ein bißchen ordinär – und benimmt sich auch so", sagte Hanni, als sie Carlotta mit Petra reden hörte. „Und sie ist so unordentlich und hat überhaupt keine Manieren! Auf der anderen Seite aber ist sie so natürlich und offen, daß man sie einfach gern haben muß. Sicher wird sie eines Tages ganz gehörig mit Mamsell zusammenstoßen. Die beiden können sich nicht riechen."

Mamsell hatte es mit der Klasse nicht leicht. Die Mädchen waren schlecht in Französisch, deshalb ließ Mamsell sie hart arbeiten. Das gefiel der Klasse natürlich überhaupt nicht. Petra konnte ausgezeichnet Französisch, nur ihr Akzent war nicht einwandfrei. Sadie war ein hoffnungsloser Fall, sie hatte keine Lust, sich anzustrengen. Bobby war auch faul – und was Carlotta betraf, so verabscheute sie die arme Mamsell und war so ungezogen zu ihr, wie man es nur sein konnte.

Carlotta bereitete den Mädchen viele Überraschungen. Manchmal machte sie den Eindruck, als ob sie sich sehr bemühte, ordentlich zu sein und fleißig zu lernen – und dann wieder war sie mit ihren Gedanken weit weg. Das regte Mamsell immer von neuem auf.

„Carlotta, was gibt es denn da draußen so Interessantes zu sehen?" fragte sie spöttisch und schaute aus dem Fenster. „Ah – da steht ja eine Kuh auf dem Feld! Findest du sie so anziehend? Wartest du darauf, daß sie Muh macht?"

53

„Nein", erwiderte Carlotta lässig. „Ich warte darauf, daß sie bellt!" Dann fing die Klasse natürlich an zu kichern, während Mamsell vor Wut beinahe zerplatzte.

Eines Morgens erlebte die Klasse eine große Überraschung. Es war ein sonniger Tag, und ein leichter Wind blies von den Hügeln herunter. Schon während des Unterrichts war Carlotta auffallend ruhelos. Sie konnte nicht stillsitzen und nahm überhaupt keinen Anteil am Unterricht. Frau Roberts dachte zuerst, das Mädchen sei krank, und überlegte, ob sie Carlotta zur Hausmutter schicken sollte. Carlotta hatte fiebrig glänzende Augen und hochrote Wangen.

„Carlotta! Was ist heute los mit dir?" fragte Frau Roberts. „Du hast nicht eine einzige Rechnung gemacht. An was denkst du bloß?"

„An Pferde!" rief Carlotta. „An mein Pferd Terry. Heute ist ein Tag, um weit weg zu galoppieren."

„Da bin ich ganz anderer Meinung", sagte Frau Roberts. „Ich finde, es ist ein Tag, um fleißig zu lernen und sich auf die Klassenarbeit vorzubereiten. Carlotta, hör bitte zu, wenn ich mit dir rede!"

Glücklicherweise läutete es in diesem Augenblick zur Pause, und Carlotta brauchte nicht zu antworten. Nach der Pause war Turnunterricht. Die körperliche Anstrengung tat Carlotta gut, sie wurde ein wenig ruhiger. Aber nur für kurze Zeit! Als die Sportlehrerin, Frau Wilton, Carlotta ermahnte, weil sie ganz andere, viel schwierigere Turnübungen machte als die übrige Klasse, verzog sie verächtlich das Gesicht.

„Das ist doch Kinderkram, was ihr da macht!"

„Du bildest dir wohl ein, du könntest viel besser turnen als deine Schulkameradinnen und uns armen Turnanfängern wohl noch etwas beibringen!" erwiderte die Lehrerin spöttisch.

„Ob Sie's glauben oder nicht – das könnte ich sehr wohl", sagte Carlotta. Und zum Erstaunen der ganzen Klasse sprang das dunkeläugige Mädchen plötzlich auf seine Hände und begann mit unbeschreiblichem Tempo radzuschlagen. Rund um die Turnhalle ging es, so schnell, daß die Blicke der Mädchen ihr kaum folgen konnten. Alle waren starr vor Staunen.

Auch Frau Wilton war sehr überrascht. „Das reicht, Carlotta", meinte sie schließlich. „Du bist wirklich gut im Turnen – besser als alle anderen."

„Schauen Sie mal, wie ich das Seil hinaufklettere", sagte Carlotta strahlend vor Freude. Und bevor Frau Wilton ein Wort sagen konnte, war sie schon oben an der Decke. Mit den Beinen klammerte sie sich ans Seil und ließ den Körper frei herunterschwingen. Frau Wilton sah mit schreckverzerrtem Gesicht zu ihr hinauf.

„Carlotta, komm sofort herunter!" befahl sie. „Was du tust, ist lebensgefährlich. Du willst dich nur wichtig machen! Komm sofort herunter!"

Wie der Blitz war Carlotta wieder unten. Sie schlug einen zweifachen Salto, warf sich durch die Luft und landete auf den Händen. Sie hüpfte zurück auf die Füße, und gleich begann sie wieder durch die Turnhalle zu wirbeln. Schließlich blieb sie mit glänzenden Augen vor Frau Wilton stehen.

Die Mädchen starrten mit offenem Mund zu ihr hinüber. Diese Carlotta war ja unbeschreiblich toll! Alle bewunderten sie und alle wollten das auch können. Die Lehrerin war nicht weniger überrascht als ihre Schülerinnen. Sie wußte kaum, was sie sagen sollte.

„Soll ich euch noch was zeigen?" fragte Carlotta, noch ganz außer Atem. „Soll ich euch zeigen, wie ich auf den Händen gehen kann? Schaut her!"

„Es reicht, Carlotta", sagte Frau Wilton mit fester Stimme. „Es wird Zeit, daß die anderen auch mal etwas tun. Du bist sicher sehr begabt und flink – aber ich möchte keine weiteren Extravorstellungen!"

Die Turnstunde ging ohne weitere Zwischenfälle zu Ende. Nur die Mädchen konnten kaum die Augen von Carlotta wenden. Insgeheim hofften sie, Carlotta würde noch mal so was Außergewöhnliches vorführen. Nach der Stunde drängten sich alle um sie.

„Carlotta, zeig uns, was du noch kannst. Geh auf deinen Händen."

Doch Carlotta sah plötzlich ganz niedergeschlagen aus.

„Ich habe versprochen, es nicht zu tun – und ich habe es doch getan", murmelte sie und rannte dann den Korridor entlang. Die Mädchen schauten sich verwundert an.

„Habt ihr gehört, was sie sagte?" fragte Hanni. „Ich möchte nur wissen, was sie damit meinte. War sie nicht einmalig?"

Der unerwartete Ausbruch in der Turnstunde schien Carlotta gutgetan zu haben. In den nächsten Unterrichtsstunden war sie viel ausgeglichener, manchmal wirkte sie sogar richtig glücklich. Sie machte nicht mehr dieses finstere Gesicht, und selbst zu Mamsell war sie freundlich.

Als die Turnhalle einmal leer war, bestürmten die Mädchen sie, ihnen noch ein paar Kunststückchen vorzuführen. Aber Carlotta lehnte ab. „Nein", sagte sie. „Nein! Bitte sprecht nicht mehr darüber!"

„Carlotta, woher kannst du denn das alles?" fragte Nanni neugierig. „Du bist eine echte Akrobatin! Wie du diesen Salto gemacht hast – und wie du das Seil hochgeklettert bist!"

„Vielleicht hat Carlotta Verwandte beim Zirkus!" sagte Helene hämisch. Sie war neidisch und eifersüchtig, weil alle mit einemmal Carlotta bewunderten.

„Halt den Mund, Helene!" fuhr Bobby sie an. „Manchmal hätte ich wirklich Lust, dir eine herunterzuhauen!"

Helene wurde rot vor Ärger, und die anderen Mädchen grinsten.

„Komm mit zum Tennisplatz", forderte Hanni Bobby auf. Sie wollte einen Streit vermeiden. „Wir müssen ein bißchen trainieren. Bald sind die ersten Wettkämpfe, und ich möchte gern in die Mannschaft kommen."

„Gehen wir", sagte Bobby mit einem letzten verächtlichen Blick auf Helene. „Ich komme zwar auf keinen Fall in die Mannschaft, aber ich kann ja trotzdem ein bißchen üben. Also los! Ich bin froh, wenn ich den alten Sauertopf nicht mehr sehe!"

Helene starrte den beiden Mädchen wütend nach. Wie sie diesen Spitznamen haßte! Immer wenn sie eine ihrer unfreundlichen Bemerkungen machte, konnte sie sicher sein, daß jemand hinter ihrem Rücken „Sauertopf" flüsterte. Helene sah sich dann schnell um, um den Schuldigen herauszufinden, aber alle schauten unbeteiligt drein und taten, als hätten sie den Mund nicht aufgemacht. Ganz besonders Bobby haßte Helene, denn sie hatte den Spitznamen aufgebracht. Aber gegen Bobby kam sie nicht an. Am liebsten hätte sie ihr auch einen häßlichen Namen gegeben – aber ihr fiel nichts Passendes ein.

Helene macht eine Entdeckung

In den beiden nächsten Wochen gab es einige Aufregungen – alle hatten mit Carlotta zu tun. Der erste Zwischenfall ereignete sich im Schwimmbad. Carlotta war keine gute Schwimmerin, dafür konnte sie um so besser tauchen und springen. Mit ihren akrobatischen Kunststückchen übertraf sie alle anderen. Trotzdem bildete sie sich auf ihre Geschicklichkeit nichts ein. Aber sie freute sich unheimlich, wenn ihre Freundinnen sie bestaunten. Der wasserscheuen Helene, die kaum schwimmen konnte, paßte das überhaupt nicht.

„Die will doch nur angeben", sagte sie mit lauter, höhnischer Stimme, als Carlotta mit einem ausgezeichneten Salto ins Wasser sprang. Helene selber stand unterdessen auf der obersten Stufe der Treppe, die ins Schwimmbecken führte, und hatte noch nicht einmal die große Zehe eingetaucht. Neben ihr Elli – genauso zitternd und feige.

„Du blöde Kuh, was verstehst denn du davon? Carlotta ist ein Naturtalent – ganz im Gegensatz zu dir, du Neidhammel! Wie wäre es, wenn du noch eine Stufe hinuntergingest und deine Fußsohlen naß machen würdest? Mindestens fünf Minuten stehst du schon da und klapperst mit den Zähnen."

Helene beachtete Jenny nicht, sie preßte die Lippen zusammen und schwieg. Carlotta stieg wieder zum Sprungturm hinauf. Sie führte die Hände zum Kopf, stieß sich leicht mit den Füßen ab und zeigte dann einen so vollendeten Kopfsprung, daß selbst die Sportlehrerin bewundernd in die Hände klatschte.

„Schau nur, jetzt protzt sie schon wieder", sagte Helene zu Elli, die neben ihr stand. „Warum man sie dazu noch ermutigt, kann ich nicht begreifen. Sie ist schon eingebildet genug!"

„Von wegen!" zischte Bobby. „Wenn du jetzt nicht endlich aufhörst mit deinen giftigen Bemerkungen, dann kannst du was erleben!"

„Unsere liebe Carlotta ist ganz offensichtlich halbwild aufgewachsen", fuhr Helene ungerührt fort. Carlotta, die zugehört hatte, lachte. Helenes häßliche Bemerkungen schienen ihr überhaupt nichts auszumachen. Dafür ärgerten sich ihre Freundinnen um so mehr. Bobby verzog den Mund verächtlich.

„Wie wäre es mit einem kleinen Bad, liebe Helene?" sagte sie plötzlich und gab dem Mädchen einen heftigen Stoß. Mit einem lauten Schrei fiel Helene ins Becken. Böse kam sie wieder an die Oberfläche, spuckte das Wasser aus, das sie geschluckt hatte, und sah sich nach

Bobby um. Bobby aber war sofort hinter ihr ins Becken gesprungen und untergetaucht. Unter Wasser näherte sie sich Helene.

Eine Sekunde später hatte sie Helene fest am Unterschenkel gepackt und sie mit starkem Druck hinabgezogen. Mit einem noch lauteren Schrei versank Helene im Wasser. Keuchend tauchte sie schließlich wieder auf. Sie rang nach Luft und versuchte, an den Beckenrand zu schwimmen. Aber sobald sie etwas Luft geschnappt hatte, wurde sie wieder am Bein gepackt und in die Tiefe gerissen.

Helene kämpfte sich frei, klammerte sich am Beckenrand fest und hangelte sich hoch. Sofort schrie sie nach der Sportlehrerin.

„Frau Wilton, Frau Wilton, Bobby hat mich fast ertränkt! Frau Wilton, rufen Sie sofort Bobby heraus!" Die Lehrerin drehte sich verwundert um und betrachtete die schreiende Helene. Bobby war in der Zwischenzeit zum anderen Beckenrand geschwommen und aus dem Wasser gestiegen. Sie kam fast um vor Lachen.

„Was soll das heißen, Bobby würde dich ertränken!" sagte Frau Wilton ungeduldig. „Bobby ist doch gar nicht in deiner Nähe. Sie ist noch nicht einmal im Wasser. Sei nicht albern, Helene! Reiß dich endlich zusammen und schwimme ein bißchen. Du benimmst dich wie ein dreijähriges Kind!"

Die umstehenden Mädchen kicherten schadenfroh. Helene ärgerte sich so, daß sie sich ruckartig umdrehte, das Gleichgewicht verlor und ein zweites Mal ins Wasser plumpste.

„Das zahle ich dir heim", rief sie zu Bobby hinüber, aber die winkte nur mit der Hand und grinste.

„Vielleicht paßt du das nächste Mal ein bißchen besser auf deine Zunge auf", meinte Jenny, die in ihrer Nähe stand. „Bobby läßt nicht mit sich spaßen, wenn du über Carlotta herfällst."

Als sie am Nachmittag zur Schule zurückgingen, beklagte sich Helene bei Petra. „Es stinkt mir, daß sich diese alberne Carlotta so aufspielt", sagte Helene verärgert. „Den ganzen Tag sollen wir mit offenem Mund vor ihr stehen und sie anstaunen. Ich weiß nicht, warum Leute wie Carlotta in unser Internat aufgenommen werden. Wir stammen alle aus guten Familien. Und Carlotta kann doch nur einen schlechten Einfluß auf uns ausüben!"

„Vielleicht glauben ihre Eltern, daß wir einen guten Einfluß auf Carlotta ausüben können", meinte Petra mit ihrer leisen Stimme. „Sie ist schon ein seltsames Mädchen, da hast du recht – aber sie ist doch auch lustig."

„Das kann ich nun gar nicht finden", sagte Helene gehässig. „Und ihre Kunststücke halte ich auch nicht für sehr aufregend. Weißt du, was ich glaube? Carlotta verbirgt etwas, ein Geheimnis, das niemand erfahren soll. Ich würde zu gern wissen, was das ist!"

Petra war jünger als Helene und leicht zu beeinflussen. Sie wagte nicht zu widersprechen, wenn Helene über ihre Schulkameradinnen herzog. Sie hörte zu und nickte nur.

Helene und Petra entdeckten eines Tages Carlottas Geheimnis. Kurze Zeit nach dem Zwischenfall im

Schwimmbad machten sie zusammen einen Spaziergang. Sie hatten ihre Notizbücher und Blechbüchsen mitgenommen, weil sie Pflanzen und Insekten sammeln wollten, stiegen den kleinen Hügel hinauf und wanderten durch die Felder. Es war ein herrlicher Tag, und Petra genoß den warmen Sonnenschein und die frische Luft.

Helene wäre sicher nicht spazierengegangen, wenn sie nicht beobachtet hätte, daß Carlotta allein aus dem Garten geschlüpft war. Die jüngeren Mädchen durften das Schulgelände nicht allein verlassen, sie mußten zu Wanderungen oder Stadtbesuchen immer jemanden mitnehmen. Ein paarmal war Helene schon der Verdacht gekommen, daß Carlotta sich nicht daran hielt.

Diesmal hatte sie vom Fenster des Schlafsaals aus gesehen, wie Carlotta durch das kleine Gartentor ging und vorsichtig das Schloß einschnappen ließ. Was sie wohl vorhatte? Sicher hatte sie ein paar Bekannte in der Stadt, von denen niemand wissen durfte.

Helene war schlau. Sie wußte, daß sie nichts erreichte, wenn sie Petra vorschlug, Carlotta zu bespitzeln. Bei allem Respekt vor Helene würde Petra nie etwas so Hinterhältiges tun. Also war sie die Treppen hinuntergerannt, um Petra zu suchen.

Nun waren beide unterwegs, um Pflanzen zu sammeln, wie Helene sagte. In Wahrheit hielt Helene Ausschau nach Carlotta. Sie entdeckte sie bald. Das Mädchen stieg genau vor ihnen, aber schon in ziemlicher Entfernung, den Hügel hinauf.

„Ich möchte nur wissen, wer das ist", sagte Helene beiläufig zu Petra. „Wir werden sie im Auge behalten.

Vielleicht können wir den Heimweg nachher mit ihr zusammen machen."

„Das können wir sicher nicht", meinte Petra. „Sie ist doch allein! Es muß also eine Schülerin der Oberklasse sein. Die wird nicht mit uns gehen wollen."

„Ach ja, das habe ich ganz vergessen", sagte Helene. „Aber wir können ja trotzdem den gleichen Weg gehen. Wahrscheinlich kennt sie sich hier viel besser aus als wir."

Beide Mädchen beobachteten die schlanke Gestalt, die über den Hügel wanderte und ins angrenzende Tal hinabstieg. Dort waren auf einem weiten Platz viele Wohnwagen zu sehen und genau in der Mitte ein riesiges Zelt.

„In Trenton muß ein Zirkus sein", sagte Helene. „Aber dahin wird Carlotta doch wohl kaum gehen. Um diese Zeit ist sicher keine Vorstellung."

„Woher weißt du denn, daß es Carlotta ist?" fragte Petra überrascht. „Carlotta darf doch gar nicht allein spazierengehen. Kannst du wirklich aus der Entfernung erkennen, wer es ist?"

Helene ärgerte sich über ihre eigene Dummheit. Sie wollte Petra auf keinen Fall verraten, daß sie sehr wohl wußte, wer das Mädchen vor ihnen war. „Ich habe sehr gute Augen", redete sie sich heraus. „Aber du trägst ja eine Brille! Vielleicht kannst du deshalb nicht so weit sehen wie ich. Ich bin sicher, daß es Carlotta ist. Und es paßt auch zu ihr, einfach so zu verschwinden."

„Ja, das stimmt", sagte Petra. Irgendwie bewunderte sie dieses seltsame Mädchen. Sie erreichte immer, was sie sich in den Kopf gesetzt hatte.

Die beiden folgten Carlotta zu dem weiten Platz. Sie

sahen, wie sie mit einem jüngeren Mann sprach. Er lächelte Carlotta zu und nickte dann. Das Mädchen ging hinüber zu dem angrenzenden Weideplatz, auf dem ein paar wunderschöne Zirkuspferde grasten. Im nächsten Augenblick hatte sich Carlotta eins eingefangen und war auf seinen Rücken gesprungen. Dann galoppierte sie über das Feld. Sie konnte toll reiten. Dabei trug das Pferd noch nicht einmal einen Sattel.

Petra und Helene starrten überrascht zu ihr hinüber. Sie trauten ihren Augen kaum. Regungslos standen sie und beobachteten, wie Carlotta über das Feld ritt, erst im Galopp und dann im Trab. Der Mann, mit dem Carlotta gesprochen hatte, beobachtete sie auch. Er rief ihr etwas zu und deutete auf ein anderes Pferd. Das war ein plumperes Tier mit breitem Rücken und kräftigen Beinen.

Carlotta glitt von ihrem Pferd, rannte zu dem anderen und sprang auf seinen Rücken. Sie flüsterte ihm ein paar Worte ins Ohr, und sofort begann es loszulaufen.

Und dann tat Carlotta etwas so Außergewöhnliches, daß Helene und Petra der Atem stockte. Sie stellte sich auf den Rücken des Pferdes und breitete ihre Arme weit aus. Sie ließ das Pferd im Kreis herumtraben, als befänden sie sich in einer Zirkusarena. Helene preßte die Lippen zusammen und sagte: „Ich habe schon immer geahnt, daß mit Carlotta irgend etwas nicht stimmt. Nun wissen wir, was es ist. Sie ist vom Zirkus! Wie konnte Frau Theobald nur so ein Zirkusmädchen in Lindenhof aufnehmen? Was werden die anderen dazu sagen?"

„Wir sollten Carlotta nicht verpetzen", bat Petra inständig. „Es ist ihr Geheimnis, und es geht uns nichts an."

„Na, warten's wir mal ab", meinte Helene boshaft. „Wir warten, bis die Zeit reif ist! Komm jetzt – wir sollten gehen, bevor sie uns sieht."

Petra und Helene kamen rechtzeitig zum Kaffee ins Internat zurück. Hanni und Nanni sahen die beiden hereinkommen und blieben staunend stehen. „Meine Güte, ihr habt doch wohl keinen Spaziergang gemacht?" spottete Hanni. „Ich habe nie in meinem Leben gedacht, daß man euch zwei vor die Tür lotsen kann!"

„Wir haben sogar eine sehr nette Wanderung gemacht." Helene lächelte hinterlistig. „Und wir haben ein paar höchst interessante Dinge gesehen!"

„Was habt ihr denn mitgebracht?" fragte Hilda und deutete auf die Blechbüchse in Petras Hand. „Ein paar seltene Pflanzen?"

Petra errötete. Weder sie noch Helene hatten auf Pflanzen oder Insekten geachtet. Plötzlich hatte sie den Verdacht, daß Helene nur weggegangen war, um Carlotta nachzuspionieren.

Helene merkte, wie unbehaglich Petra sich fühlte, deshalb fing sie an zu schwindeln. „Wir haben eine ganze Menge Sachen", sagte sie. „Wir zeigen sie euch später. Jetzt haben wir erst mal schrecklichen Hunger – und der Kaffee steht schon auf dem Tisch."

Helene wußte genau, daß nach dem Kaffee kein einziges Mädchen Lust hatte, irgendwelche Pflanzen oder Insekten anzusehen. Sie zerrte Petra zur Garderobe, damit sie ihren Mantel auszog und sich die Hände wusch. Petra schwieg noch immer. Sie konnte nicht begreifen, warum Helene so schamlos gelogen hatte.

5 3643-10

Vielleicht hat sie es nur getan, um Carlotta nicht zu verraten, dachte Petra. Sie wollte sie schützen!

Carlotta kam sehr spät zum Kaffee. Sie murmelte eine Entschuldigung und setzte sich auf ihren Platz. Vom Rennen war sie noch ganz rot im Gesicht.

„Wo bist du nur gewesen?" fragte Hanni. „Wir haben dich den ganzen Nachmittag gesucht. Du wärst beim Tennis dran gewesen. Hattest du es vergessen?"

„Ich habe nicht mehr daran gedacht", sagte Carlotta und nahm sich ein Stück Brot. „Ich bin ein bißchen spazierengegangen."

„Mit wem denn?" fragte Jenny.

„Mit mir selber", sagte Carlotta ehrlich und senkte die Stimme, damit es Frau Roberts nicht hörte. „Ich weiß, es ist nicht erlaubt – aber ich wollte allein sein."

„Du wirst doch noch eines Tages geschnappt werden", warnte Bobby sie. „Ich halte mich ja auch nicht so genau an die Schulregeln – aber du benimmst dich, als ob es überhaupt keine gäbe. Sei vorsichtig, Carlotta!"

Aber Carlotta lächelte nur. Sie besaß ein Geheimnis, das sie für sich behalten wollte, und hatte keine Ahnung, daß es schon jemand herausgefunden hatte.

Tumult in Mamsells Stunde

Als nächstes kam es zu einem Tumult in der Französischstunde. Die Wochen vergingen schnell. Die Klasse schien überhaupt keine Fortschritte zu machen. Das

Wetter war sehr heiß, die meisten litten darunter und hatten keine Lust zum Arbeiten. Petra und Hilda waren die einzigen, die gut lernten. Die Zwillinge dagegen wurden immer fauler, und Sadie und Bobby brachten ihre Lehrerinnen zur Verzweiflung.

Am meisten mußte sich Mamsell über Carlotta ärgern. Wenn Carlotta irgend jemand nicht mochte, dann zeigte sie es deutlich. Sie benahm sich sehr kindisch, wenn sie ihre Abneigung zeigen wollte, schnitt Grimassen, wandte sich ab und schlug sogar gelegentlich um sich. Oder sie stampfte mit dem Fuß auf, gebrauchte Schimpfworte und fluchte in einer fremden Sprache. Dann fielen ihr die schwarzen Locken in die Stirn, und ihre Augen blitzten gefährlich. Ihre Mitschülerinnen lächelten darüber, nur Hilda wies sie manchmal zurecht. Als Klassensprecherin hatte sie schließlich einige Verantwortung.

„Carlotta, du blamierst dich, wenn du dich so aufführst", sagte sie, als Carlotta wieder einmal fluchte wie ein Bierkutscher. „Du blamierst auch deine Eltern. Eltern werden immer danach beurteilt, wie ihre Kinder sich verhalten. Laß deine Angehörigen nicht im Stich!"

Carlotta drehte sich um und schüttelte heftig den Kopf. „Meine Eltern haben mich im Stich gelassen", sagte sie. „Ich würde ganz sicher nicht hierbleiben, wenn ich es nicht jemand versprochen hätte. Glaubst du, daß ich mir je einen Ort ausgesucht hätte, an dem ich mit Leuten wie Elli und Sadie und Helene zusammensein muß? Nie im Leben!"

Hilda wußte kaum, was sie antworten sollte.

„Wir können nicht jeden mögen", meinte sie schließlich. „Du magst doch einige von uns, Carlotta, und wir können dich gut leiden. Kannst du nicht begreifen, daß du dir das Leben nur schwermachst, wenn du dich so unmöglich aufführst? Wenn man in einer Gesellschaft lebt, muß man die anderen respektieren, auch wenn einem manches nicht so paßt! Ich bin hier Vertrauensschülerin und dafür verantwortlich, daß ihr euch in unsere Gemeinschaft einfügt und wie vernünftige Menschen benehmt. Ich kann nicht dulden, daß du dich wie eine Vierjährige aufführst. Schließlich bist du schon dreizehn."

Carlottas Zorn verschwand so plötzlich, wie er gekommen war. Sie mochte die ausgeglichene, verantwortungsbewußte Hilda ausgesprochen gern. Sofort streckte sie ihr die Hand hin.

„Ich weiß, daß du recht hast", sagte sie. „Aber ich bin halt nicht so erzogen worden wie du – ich habe nicht die gleichen Dinge gelernt. Verachte mich nicht, weil ich anders bin."

„Dummkopf", sagte Hilda und schlug ihr freundschaftlich auf den Rücken. „Wir mögen dich ja gerade, weil du so anders bist. Wir sind im Grunde froh, eine so aufregende Person in der Klasse zu haben. Aber mache es Mädchen wie Helene nicht zu leicht, dich zu ärgern. Du weißt ja, daß sie immer gleich zu Frau Roberts rennt, sobald du ein paar Schimpfwörter losläßt. Wenn du dich wirklich austoben mußt, dann falle über mich oder Bobby her. Uns macht es nichts aus!"

„Das ist es ja gerade", sagte Carlotta. „Mit euch kann ich nicht böse sein – ihr seid viel zu anständig zu mir.

Hilda, ich will versuchen, ein wenig ruhiger zu werden. Ich verspreche es dir. Mit Frau Roberts komme ich ja schon etwas besser aus – aber bei Mamsell könnte ich manchmal aus der Haut fahren. Ich will jetzt besonders vorsichtig sein. Du sollst meinetwegen keinen Ärger haben."

Eigentlich war es Bobby, die den Tumult in der Französischstunde verursachte. Mamsell unterrichtete – und Bobby langweilte sich. Sie verabscheute die unregelmäßigen französischen Verben, deren Endungen sie nie behalten konnte. Es ist gerade so, als habe Mamsell sie erfunden, um uns zu ärgern, dachte Bobby. Wenn doch diese schreckliche Stunde endlich vorbei wäre!

Auf dem Fensterbrett neben Bobbys Pult stand ein Terrarium, das von der Klasse gepflegt wurde. Es war ein großer käfigartiger Kasten, der vorn eine Glaswand hatte, die sich herunterklappen ließ. Im Terrarium lebten zwei große Frösche und eine plumpe Kröte, außerdem gab es noch sechs Schlangen. Die Klasse reagierte sehr unterschiedlich auf die Bewohner des Terrariums.

Katrin, die Tiere sehr liebte, hing mit wirklicher Zuneigung an den Fröschen und der Kröte und behauptete, sie könne die sechs Schlangen mühelos auseinanderhalten. Sie hatte ihnen sogar Namen gegeben. Der Rest der Klasse konnte nur den „Dussel" erkennen, der sich anscheinend nie bewegte und eine weiße Stelle am Kopf hatte. Die Zwillinge mochten die Frösche und die Kröte, und Nanni kitzelte oft den einen Frosch mit einem Strohhalm. Er hob dann den rechten Vorderfuß, spreizte seine kleinen Zehen und kratzte sich am Rücken.

Sadie und Elli konnten die Tiere nicht ausstehen, und Helene schüttelte sich jedesmal, wenn die Frösche oder die Kröte sich bewegten. Doris verabscheute sie auch. Bobby hatte keine besonderen Gefühle für sie, aber sie fürchtete sich auch nicht vor den harmlosen Kreaturen. Sie nahm sie ohne Ekel in die Hand, wenn das Terrarium gesäubert werden mußte. Das brachten Helene und auch noch ein paar andere Mädchen nicht fertig.

An diesem Morgen langweilte sich Bobby ganz schrecklich. Der Französischunterricht schien sich stundenlang hinzuziehen, und die Pause lag noch in weiter Ferne. Plötzlich bewegte sich etwas im Terrarium, und Bobby schaute auf.

Einer der Frösche hatte seine Zunge herausgeschnellt und eine Fliege geschnappt, die durch den Drahtdeckel geflogen war. Bobby warf einen kurzen Blick auf Mamsell. Sie stand an der Tafel und schrieb französische Sätze an, sie wandte der Klasse den Rücken zu und schien sehr vertieft in ihre Arbeit. Die Mädchen sollten inzwischen eine Übersetzung vorbereiten.

Bobby stieß Jenny an. Jenny schaute zu ihr hinüber. „Paß auf", flüsterte Bobby. Sie klappte die Glaswand des Terrariums herunter und streckte die Hand hinein, nahm einen der überraschten Frösche und schloß den Kasten wieder.

„Wir lassen ihn auf Helene hüpfen", wisperte Bobby. „Die wird zu Tode erschrecken!"

Niemand hatte bemerkt, was Bobby tat. Mamsell war an diesem Morgen sehr streng, und die Klasse bereitete fieberhaft ihre Übersetzung vor, um sie nicht noch mehr in Rage zu bringen. Bobby lehnte sich aus der Bank und wollte den Frosch auf Helenes Pult setzen. Er sprang ihr aber aus der Hand und hüpfte zu Carlotta hinüber. Sie sah den Frosch, der regungslos auf ihrer Bank hockte, und sie sah Bobby, die mit ausgestrecktem Finger auf die ahnungslose Helene deutete.

Carlotta hatte verstanden. Sie nickte und lächelte. Sie nahm den Frosch und setzte ihn vorsichtig auf Helenes Bank. Helene schaute auf, sah den Frosch und stieß einen entsetzten Schrei aus.

Mamsell ließ die Kreide und ihr Buch fallen und drehte sich wütend um. „Helene! Was ist das für ein Lärm?"

Dem Frosch gefiel es auf dem Pult. Mit wachsamen braunen Augen starrte er das verängstigte Mädchen an. Helene schrie wie am Spieß und wollte weglaufen, aber sie konnte kein Glied bewegen.

Der Frosch machte einen Luftsprung und landete auf Helenes Schulter. Von dort ließ er sich in ihren Schoß fallen. Helene sprang entsetzt auf und schüttelte ihn ab.

„Mamsell! Ein Frosch! Oh, ich kann das nicht ertragen, das ist ein scheußliches Gefühl. Carlotta, du gemeines Biest, das hast du gemacht! Du hast ihn aus dem Terrarium genommen, um mich zu erschrecken!"

Die meisten Mädchen lachten. Mamsell wurde sehr wütend. Der Frosch machte wieder einen Luftsprung, und Helene kreischte von neuem los.

„Taisez-vous, Hélène!" schrie Mamsell. „Sei jetzt ruhig! Wir sind doch hier nicht im Irrenhaus. Ihr seid fürchterlich – fürchterlich!"

Natürlich wurde nun noch lauter gekichert. Helene

ging auf Carlotta zu und sagte boshaft und wütend: „Du bist eine ganz gemeine Person. Du bist nichts weiter als ein mieses kleines Zirkusmädchen. Du denkst vielleicht, ich wüßte nicht über dich Bescheid, aber ich weiß alles. Ich habe gesehen, wie du den Frosch aus dem Terrarium genommen hast, um mich zu erschrecken. Ich habe gesehen, daß du es warst!"

„Taisez-vous, Hélène!" schrie Mamsell und klopfte energisch auf ihr Pult. „Carlotta, verlasse sofort das Zimmer. Du gehst jetzt geradewegs zu Frau Theobald und meldest, was du getan hast. Es ist einfach unvorstellbar, daß solche Sachen in meiner Stunde passieren!"

Carlotta war von ihrer Bank aufgesprungen und auf Helene zugestürzt. Ihr Augen blitzten; sie sah sehr wild und gleichzeitig sehr schön aus. Wie eine schöne Zigeunerin, dachte Nanni. Und sie begann zu reden – aber spanisch. Die Sätze überschlugen sich förmlich; und während sie in der fremden Sprache auf Helene einschrie, stampfte sie mit dem Fuß auf und hielt ihr die geballte Faust vors Gesicht. Helene schrak zurück. Mit schwerem Schritt näherte sich die wütende Mamsell.

Die ganze Klasse beobachtete atemlos den Streit. Es hatte zwar schon öfters Auseinandersetzungen gegeben, aber so was war noch nie dagewesen. Mamsell griff Carlotta fest am Arm.

„Du bist un-er-träg-lich!" sagte sie, wobei sie jede Silbe einzeln betonte, um ihren Worten mehr Gewicht zu verleihen. Carlotta schüttelte Mamsells Hand wütend ab. Wenn sie aufgebracht war, konnte sie es nicht ertragen, angefaßt zu werden. Sie drehte sich zu der erstaunten

Französischlehrerin um und überschwemmte sie mit einem Schwall spanischer Worte. Unglücklicherweise verstand Mamsell einiges davon. Sie wurde blaß vor Zorn und hielt sich nur mit Mühe zurück, Carlotta eine saftige Ohrfeige zu geben.

In diesem Augenblick öffnete sich die Tür. Frau Roberts kam herein. Die Französischstunde war schon lange zu Ende, aber niemand hatte auf die Uhr geschaut. Frau Roberts glaubte ihren Augen nicht zu trauen, als sie sah, wie sich Mamsell und Carlotta wie zwei Kampfhähne gegenüberstanden.

Mamsell beruhigte sich ein wenig, als sie Frau Roberts erblickte. „Ah, Frau Roberts", sagte sie, und ihre Stimme zitterte ein wenig. Die letzten Minuten hatten sie ziemlich mitgenommen. „Sie kommen zur rechten Zeit! Ihre Klasse hat sich ganz abscheulich benommen – ja, sehr abscheulich. Dieses Mädchen Carlotta hat mich beschimpft, sie hat – olala, da ist dieser Frosch wieder!"

Alle hatten den Frosch vollkommen vergessen – aber jetzt gab er eine neue Vorstellung. Er sprang auf Mamsells großen Fuß und blieb dort sitzen. Mamsell konnte Frösche nicht leiden. Alle Insekten und kleinen Krabbeltiere verursachten ihr eine Gänsehaut. Sie stieß einen Schrei aus, stolperte zurück und fiel schwer auf ihren Stuhl.

Frau Roberts hatte die Lage mit einem Blick erfaßt. Sie kannte Mamsells Temperament und wußte, daß es das beste war, erst einmal die wütende Lehrerin aus dem Zimmer zu lotsen. Dann konnte sie in aller Ruhe ihre Nachforschungen anstellen.

„Mamsell, Ihre nächste Klasse wartet schon", sagte sie. „Ich werde mich um diese Sache kümmern und Ihnen beim Abendessen Bericht erstatten. Vielleicht gehen Sie jetzt besser und überlassen mir die Angelegenheit."

Mamsell haßte es, zu spät zum Unterricht zu kommen. Sie stand sofort auf und verließ den Raum. Dabei warf sie Carlotta noch einen wütenden Blick zu. Frau Roberts ging zum Pult. Im Zimmer herrschte Grabesstille.

Carlotta stand noch immer am gleichen Platz. Das Haar hing ihr zerzaust in die Stirn, die Hände waren zu Fäusten geballt. Frau Roberts blickte sie kurz an. Sie kannte Carlottas Wildheit, und sie war sich klar darüber, daß man in diesem Augenblick kein vernünftiges Wort mit ihr reden konnte.

Deshalb sagte sie kühl: „Carlotta, geh jetzt bitte, kämme dich und wasch auch deine Tintenfinger!"

Das Mädchen starrte die Lehrerin trotzig an, aber die ruhige Stimme besänftigte sie ein wenig; gehorsam ging sie hinaus. Als sie das Zimmer verlassen hatte, ging ein Aufatmen durch die Klasse. Carlotta war ja immer aufregend – aber diesmal war es ein bißchen zuviel Aufregung gewesen.

„Versteht mich recht, ich möchte jetzt keinerlei Beschuldigungen hören", sagte Frau Roberts und sah sich mit ihren kühlen blauen Augen in der Klasse um, „aber ich will wissen, was das alles zu bedeuten hat. Vielleicht kannst du mir Auskunft geben, Hilda. Du bist ja die Klassensprecherin."

„Frau Roberts, ich will es Ihnen erzählen", begann

Helene eifrig. „Carlotta hat das Terrarium geöffnet und den Frosch herausgenommen und dann ...“

„Ich wüßte nicht, daß ich dich um Auskunft gebeten habe“, unterbrach sie Frau Roberts mit so schneidender Stimme, daß das Mädchen sich beschämt auf seinen Sitz fallen ließ. „Nun, Hilda – erzähle mir alles der Reihe nach.“

„Es war so“, begann Hilda zögernd. „Irgend jemand hatte den Frosch aus dem Terrarium genommen und ihn auf Helenes Pult gesetzt.“ Bobby stand auf. Man sah ihr an, daß ihr die ganze Sache peinlich war.

„Entschuldigen Sie, Frau Roberts, wenn ich Hilda unterbreche“, sagte Bobby. „*Ich* habe den Frosch herausgenommen.“

„Das stimmt nicht“, schrie Helene. „Es war dieses Biest Carlotta. Sie hat mir den Streich gespielt. Bobby will sie nur in Schutz nehmen.“

„Helene, du verläßt sofort das Zimmer, wenn du noch einmal sprichst, ohne gefragt zu sein“, fuhr die Lehrerin sie an. „Fahr fort, Bobby.“

„Ich habe mich gelangweilt“, sagte Bobby wahrheitsgemäß. „Ich habe deshalb den Frosch herausgenommen und wollte ihn auf Helene hüpfen lassen. Aber der Frosch ist mir aus der Hand gesprungen. Ich nickte Carlotta zu, auf deren Bank er saß. Sie sollte ihn auf Helenes Pult setzen – und sie tat es. Eigentlich bin ich an allem schuld.“

Bobby setzte sich wieder. „Jetzt erzähle du diese ungewöhnliche Geschichte zu Ende, Hilda“, sagte Frau Roberts, die sich über ihre Klasse nur noch wundern konnte. „Da ist nicht mehr viel zu erzählen", meinte Hilda. „Als Helene den Frosch sah, bekam sie einen furchtbaren Schreck und schrie wie eine Irre. Mamsell wurde böse. Helene gab Carlotta die ganze Schuld und sagte ein paar sehr häßliche Dinge zu ihr, und Carlotta explodierte – und als Mamsell ihr befahl, den Raum zu verlassen, ging sie nicht –, ich glaube ja, daß sie überhaupt nicht gehört hat, was Mamsell sagte. Dann wurde Mamsell sehr wütend, weil Carlotta nicht gehorchte. Sie ging zu ihr hin und packte sie am Arm – und Carlotta drehte sich um und überschüttete Mamsell mit spanischen Wörtern, die Mamsell noch wütender machten. Und dann kamen *Sie* herein!"

„Und verdarb euch den Spaß, nicht wahr?" sagte Frau Roberts so ironisch, daß die Klasse nicht zu mucksen wagte. „Das war ja eine sehr unterhaltsame Französischstunde! Bobby, du hast also die ganze Sache eingefädelt – und Carlotta hat dich kräftig unterstützt. Und dann haben sich noch verschiedene andere hier ausgetobt. Und die ganze Klasse hat atemlos zugeschaut und sich prächtig unterhalten. Ich schäme mich für euch! Bobby, komm nach dem Unterricht zu mir!"

„Ja, Frau Roberts", sagte Bobby trübselig. Helene drehte sich mit zufriedenem Gesicht zu Bobby um; sie freute sich, daß Bobby bestraft werden sollte. Frau Roberts fing diesen Blick auf. Sie konnte Helenes Niederträchtigkeiten nicht ausstehen, sie haßte ihr Petzen und ihre ständige Schadenfreude. Sie fuhr das Mädchen plötzlich an: „Helene! Du bist auch nicht ohne Schuld. Wo immer du andere in Schwierigkeiten bringen kannst, tust du es bedenkenlos. Hättest du nicht ein so schreckliches Getöse gemacht, dann wäre diese Sache ganz anders verlaufen."

Helene war tief gekränkt. „Aber, Frau Roberts", sagte sie beleidigt, „das ist nicht gerecht. Ich ..."

„Seit wann entscheidest du, was gerecht und was ungerecht ist?" erkundigte sich Frau Roberts kalt. „Halt den Mund und setz dich. Und da ich gerade daran denke – dein letzter Aufsatz war völlig ungenügend, du wirst ihn heute abend noch einmal schreiben!"

Helene wurde rot. Sie merkte, daß Frau Roberts ihr eins auswischen wollte, konnte aber nichts dagegen tun. Sie merkte auch, daß alle ihre Mitschülerinnen, mit Ausnahme von Petra vielleicht, Frau Roberts recht gaben. Ob wohl Carlotta auch eine Strafe erhielt? Was hatte sie nicht alles zu Mamsell gesagt! Unglaublich! Carlotta war ein übles Mädchen – sie verstieß dauernd gegen die Schulvorschriften und ritt auch noch auf den Pferden fremder Leute!

Den Rest des Morgens verbrachte die Klasse in gedrückter Stimmung. Bobby ging zu Frau Roberts. Die hielt ihr eine solche Strafpredigt, daß sie beinahe in Tränen ausgebrochen wäre – und so etwas war Bobby seit Jahren nicht mehr passiert. Und dann bekam sie noch eine Arbeit, die sie die ganze Woche voll beschäftigte. Sie mußte all die Sachen abschreiben und lernen, die sie nach Frau Roberts' Meinung noch nicht konnte. Übrigens wußte Bobby am Ende dieser Woche sehr viel mehr als am Anfang.

Carlotta schien überhaupt keine Strafe zu erhalten,

worüber sich Helene sehr ärgerte. Hanni und Nanni wußten aber, daß Carlotta zur Direktorin geschickt worden war. Niedergeschlagen hatte sie Frau Theobalds Zimmer wieder verlassen. Sie erzählte keinem Menschen, was geschehen war, und niemand wagte zu fragen.

Mamsell erhielt eine schriftliche Entschuldigung von Bobby und Carlotta – und zu Helenes großem Ärger auch eine von ihr selbst. Frau Roberts hatte es so verlangt. Helene hatte zwar verschiedene Einwände, aber die Lehrerin hörte gar nicht zu. Das Mädchen wagte nicht, ungehorsam zu sein, und schrieb die Entschuldigung, aber das fuchste sie sehr.

Ich werde es Carlotta heimzahlen, dachte sie. Ich spreche mit dem Mann vom Zirkus – ich frage ihn aus, und dann weiß ich alles über dieses gemeine Biest. Sicher erfahre ich ein paar sehr interessante Sachen!

Carlottas Geheimnis

Bei der nächsten Gelegenheit ging Helene wieder zum Zirkus. Es war zwei Tage später, und sie erzählte, sie wolle eine Wanderung machen. Sie bat Petra mitzukommen.

„Heute nicht, Helene", sagte Petra, die gerade in ein spannendes Buch vertieft war. „Ich möchte gern meinen Roman zu Ende lesen. Er spielt in der Zeit, die wir jetzt in Geschichte durchnehmen." Petra las fast nur Bücher, die mit dem Unterricht zusammenhingen. Die Klasse lachte schon darüber.

„Petra, komm doch mit", bettelte Helene und legte ihren Arm um Petras Schulter. Petra war sehr liebebedürftig; in ihrem Leben hatte sie wenig Liebe bekommen. Deshalb ließ sie sich von Helenes rührseligen Gesten so leicht beeindrucken. Auch heute stand sie sofort auf. Ihre kurzsichtigen Augen strahlten vor Freude hinter den dicken Brillengläsern. Sie legte ihr Buch beiseite und holte ihren Mantel. Dann machten sich die beiden Mädchen auf den Weg.

Nach einer halben Stunde erreichten sie den großen Platz, auf dem der Zirkus stand. „Jetzt haben wir den gleichen Spaziergang gemacht wie letzte Woche", sagte Petra.

„Ach ja!" Helene tat sehr überrascht. „Und schau, der Zirkus ist immer noch da – und dort drüben grasen auch wieder diese wunderschönen Pferde. Komm, wir gehen mal näher hin. Vielleicht gibt es etwas Interessantes zu sehen – Elefanten vielleicht oder andere exotische Tiere."

Sie betraten das Feld, auf dem die Wohnwagen und Käfige standen. Niemand beachtete sie.

Nach einer Weile entdeckten Helenes scharfe Augen den Mann, mit dem Carlotta damals gesprochen hatte. Sie ging auf ihn zu.

„Stört es Sie, wenn wir uns ein bißchen umsehen?" fragte sie mit ihrem süßesten Lächeln.

„Ganz und gar nicht", erwiderte der Mann. „Schaut euch nur alles an."

„Sind das da drüben Zirkuspferde?" fragte Helene und deutete zu den Pferden hinüber, auf denen Carlotta geritten war.

„Ja, natürlich", sagte der Mann, der offensichtlich der Stallknecht war, und setzte sich auf eine Treppenstufe.

„Wenn wir doch reiten könnten wie Carlotta!" sagte Helene und schaute mit unschuldigem Blick zu den Pferden hinüber.

Der Mann sah sie scharf an. „Ja, sie ist eine prächtige Reiterin. Sie ist überhaupt ein prächtiges Mädchen."

„Kennen Sie denn Carlotta schon lange?" erkundigte sich Helene und machte wieder ihr unschuldiges Gesicht.

„Von klein auf kenne ich sie", sagte der Mann und nickte.

„Sie hat ein wahnsinnig interessantes Leben gehabt, nicht wahr?" meinte Helene und tat so, als wisse sie alles über Carlotta. „Ich höre so gern zu, wenn sie ihre Erlebnisse erzählt."

Petra starrte Helene mit offenem Mund an. Das war ihr ganz neu. Sie hatte ein ungutes Gefühl. Ob Helene wieder einmal schwindelte?

„Ach, sie hat euch alles erzählt?" sagte der Mann und sah ziemlich erstaunt aus. „Ich habe gedacht, sie sollte ..."

Er schwieg plötzlich. Helene witterte die Spur. Sie war auf dem besten Weg, etwas zu entdecken. Sie schaute den Mann mit weitgeöffneten Unschuldsaugen an und lächelte.

„Wissen Sie, ich bin ihre liebste Freundin", säuselte Helene. „Sie hat zu mir gesagt, ich soll herüberkommen und mich umsehen. Sie meinte, es würde Ihnen nichts ausmachen."

Selbst Petra war nun klar, daß Helene log. Sie fühlte

sich alles andere als wohl in ihrer Haut und ging zu einem der Käfige hinüber. Sie konnte dem Gespräch einfach nicht mehr zuhören. Sie war viel zu naiv und zu gutartig, um zu begreifen, was Helene im Schilde führte. Nie wäre es ihr in den Sinn gekommen, daß Helene nur herausfinden wollte, womit sie Carlotta schaden konnte.

Helene war erleichtert, als Petra fortging. Jetzt kam sie viel besser voran. Sie war nun sicher, daß Carlotta wirklich mit dem Zirkus in Verbindung stand, und blieb auf dieser Fährte.

„Carlotta hat das Zirkusleben sicher sehr gemocht?" fragte Helene. Der Mann nickte mit dem Kopf.

„Sie hätte uns nicht verlassen sollen", sagte er. „Das Mädchen weiß, wie man mit Pferden umgeht. Sie trat mit meinem Bruder auf. Ich war sehr froh, als sie gestern herkam, um ein bißchen zu reiten. Morgen ziehen wir weiter – sag ihr deshalb, wenn du zurückkommst, daß sie ganz früh kommen muß, wenn sie noch einmal herumgaloppieren will."

Helene zitterte fast vor Aufregung. Jetzt wußte sie alles, was sie wissen wollte. Diese häßliche kleine Carlotta war ein Zirkusmädchen – ein ganz mieses, kleines Zirkusmädchen. Wie konnte Frau Theobald sie nur in Lindenhof dulden!

Helene rief Petra, und die beiden Mädchen machten sich auf den Rückweg. Sie sprachen unterwegs nicht miteinander. Petra hatte noch immer ein unangenehmes Gefühl, weil Helene den Mann belogen hatte – und Helene überlegte, wie sie die große Neuigkeit am besten unter die Mädchen bringen konnte.

81

Am Abend suchte sie Elli im Gemeinschaftsraum. Elli saß gerade an einem Puzzle. Sie liebte schwierige Puzzles, schaffte es aber fast nie, sie richtig zusammenzusetzen. Ein paar Mädchen standen hinter Elli und neckten sie.

Die gutmütige Sadie versuchte sie zu trösten. „Mach dir nichts draus, Elli", sagte sie. Aber Elli ärgerte sich doch. Sie raffte ihr Spiel zusammen, packte die Teile in die Schachtel zurück und verließ wütend den Raum.

Helene lief ihr nach. Sie hoffte, daß sie jetzt ein paar Worte allein mit Elli sprechen konnte. „Elli", rief sie. „Laß die anderen, die sind sowieso nur gemein zu dir. Komm mit mir in den Garten. Draußen ist es ganz herrlich!"

„Nein, danke", sagte Elli unfreundlich, denn sie mochte Helene nicht. „Ich habe keine Lust, mir deine üblen Verleumdungen anzuhören. Was die anderen tun, interessiert mich nicht!"

Helene wurde verlegen. Es stimmte, daß sie keine Gelegenheit ausließ, über die anderen herzuziehen – aber sie hatte nie gedacht, daß die Mädchen das so genau wußten. Es hatte keinen Zweck, jetzt mit Elli zu reden. Ich muß mir etwas anderes einfallen lassen, überlegte sie. Aber die Gelegenheit kam kurz danach von selbst.

Helene kehrte in den Gemeinschaftsraum zurück. Carlotta war auch dort. Mit ihrer fremdartig klingenden Stimme erzählte sie eine lustige Begebenheit. Die anderen Mädchen hörten ihr gespannt zu. Helene verspürte Eifersucht, als sie die Gruppe sah.

Ihr Gesicht wurde so sauer, daß Bobby aus voller Kehle lachte.

„Da kommt ja der alte Sauertopf", rief sie, und alle kicherten.

„Sauertopf!" sagte Carlotta. „Das ist ein sehr guter Name für Helene! Warum bist du eigentlich so sauer?"

Helene war plötzlich voll Bosheit. „Jeder wird wohl sauer, wenn er mit einem hergelaufenen Zirkusmädchen zusammenleben muß", sagte sie. Ihr Ton war so gehässig, daß die Mädchen sie erstaunt ansahen. Carlotta lachte nur.

„Dich würde ich ja gern mal in einem Zirkus sehen. Du wärest ein gefundenes Fressen für die Tiger. Und ich glaube nicht, daß dich hier jemand vermissen würde."

„Halt dich zurück, Carlotta", drohte Helene. „Ich weiß genau über dich Bescheid – ich weiß alles!"

„Das ist aber interessant", erwiderte Carlotta, und ihre Augen begannen gefährlich zu glitzern.

„Ja – sehr interessant!" sagte Helene. „Die Mädchen würden dich verachten, wenn sie wüßten, was ich weiß. Du hättest dann keine Freundinnen mehr. Wer möchte sich schon mit einem hergelaufenen Zirkusmädchen abgeben!"

„Halt den Mund, Helene", sagte Bobby, die Angst hatte, daß Carlotta in Wut geraten würde. „Erzähl keinen Schwachsinn!"

„Von wegen Schwachsinn!" rief Helene empört. „Es ist die Wahrheit – die reine Wahrheit. Drüben in Trenton hat ein Zirkus seine Zelte aufgeschlagen. Ich habe mich dort mit einem Mann unterhalten – und der hat mir erzählt, daß Carlotta beim Zirkus war und zusammen mit seinem Bruder in Vorstellungen aufgetreten ist. Und wir müssen mit so jemand zusammenleben!"

Als Helene zu Ende geredet hatte, war es ganz still im Raum. Carlotta schaute die Mädchen mit blitzenden Augen an, und die Mädchen starrten sie an. Dann sprach Hanni.

„Carlotta, hast du wirklich in einem Zirkus gelebt?"

Helene beobachtete ihre Klassenkameradinnen. Sie freute sich über die Bombe, die sie losgelassen hatte. Ungeduldig wartete sie darauf, daß alle über die bisher so beliebte Carlotta herfallen würden. Als Hanni ihre Frage stellte, schaute Carlotta die Zwillinge an. Sie nickte. „Ja, ich war beim Zirkus. Und ich kann euch sagen, es war eine tolle Zeit."

Die Mädchen betrachteten Carlotta erstaunt. Carlottas Augen glänzten, und ihre Wangen waren vor Aufregung gerötet. Alle konnten sich gut vorstellen, wie sie auf einem feurigen Pferd in die Arena galoppierte. Die ganze Klasse drängte sich um sie.

„Carlotta! Wie herrlich!"

„Meine Güte, Carlotta! Das ist ja aufregend!"

„Carlotta, du mußt uns alles erzählen!"

„Ich habe schon immer gewußt, daß an dir irgend etwas Außergewöhnliches ist."

„Mensch Carlotta, warum hast du uns nie einen Ton gesagt? Das hätte uns doch alle brennend interessiert."

„Ich habe Frau Theobald versprochen, nicht über mein Leben beim Zirkus zu reden", sagte Carlotta. „Wißt ihr, es ist eine ziemlich seltsame Geschichte. Mein Vater hat ein Mädchen vom Zirkus geheiratet — und sie ist ihm nach einigen Jahren davongelaufen. Ich war damals noch sehr klein, und meine Mutter hat mich mitgenommen. Sie ging zurück zum Zirkus und trat wieder auf. Aber kurze Zeit später ist sie gestorben. Von da an kümmerten sich die Leute vom Zirkus um mich. Es waren großartige Menschen."

Carlotta schwieg. Sie erinnerte sich daran, wieviel Liebe und Güte sie in dieser Zeit erfahren hatte.

„Weiter", sagte Katrin ungeduldig. „Erzähl doch endlich: wie ging es weiter?"

„Wie meine Mutter habe ich Pferde sehr gern gehabt", fuhr Carlotta fort. „Und so war es ganz natürlich, daß ich Kunstreiterin wurde. Mein Vater hat schließlich nach vielen Nachforschungen entdeckt, daß ich beim Zirkus war und daß meine Mutter nicht mehr lebte. Mein Vater ist ein reicher Mann – und er wollte, daß ich den Zirkus verließ und mit ihm zusammenwohnte. Als er sah, wie mangelhaft meine Schulbildung war, entschloß er sich, mich erst einmal in ein gutes Internat zu schicken."

„O Carlotta, das ist furchtbar romantisch", schwärmte Elli. „Es klingt wie ein Roman. Ich habe schon immer gefunden, daß du außergewöhnlich aussiehst. Aber warum bist du so fremdartig?"

„Meine Mutter war Spanierin", sagte Carlotta, „und ein paar Leute vom Zirkus waren auch Spanier. Sie waren alle großartige Menschen. Wenn ich doch zu ihnen zurückkehren könnte! Ich passe nicht hierher. Ich gehöre nicht zu euch. Ich werde auch nie begreifen, warum wir all diese unnötigen Dinge lernen sollen!"

Sie schaute so traurig aus, daß die Mädchen Mitleid mit ihr bekamen und sie trösteten. „Hab Geduld,

Carlotta! Du wirst dich sicher bald eingewöhnen. Wir mögen dich ja alle gerne. Und jetzt verstehen wir dich auch viel besser als früher. Warum wollte eigentlich Frau Theobald nicht, daß wir über dein Leben beim Zirkus Bescheid wissen?"

„Wahrscheinlich hat sie gedacht, ihr würdet ein bißchen auf mich heruntersehen", meinte Carlotta. Die Mädchen schnaubten verächtlich.

„Wir sollten auf dich heruntersehen? Wir sind begeistert! Carlotta, zeig uns ein paar Sachen, die du kannst!"

„Ich habe Frau Theobald versprochen, daß ich keine Kunststücke vorführe, damit niemand merkt, woher ich komme. Kürzlich in der Turnhalle habe ich mein Versprechen gebrochen, aber ich konnte einfach nicht anders. Den ganzen Tag schon hatte ich an den Zirkus gedacht – und an mein wunderschönes Pferd Terry – und ich wurde fast verrückt vor Sehnsucht, deshalb habe ich all diese Dinge gemacht. In Wirklichkeit ist das natürlich bei weitem nicht alles, was ich kann."

„Carlotta, gehe einmal auf deinen Händen", bat Bobby. „Meine Güte, was werden wir noch alles Tolles erleben!" Du bist schon eine wilde Person und hast ein tolles Temperament und eine schlagfertige Zunge – aber auf der anderen Seite hast du ein so natürliches, liebes Wesen, daß man dich einfach gernhaben muß. Wie gut, daß du so aufrichtig warst. Wir hätten dich sicher nicht so bewundert, wenn du dich deiner Vergangenheit geschämt hättest."

„Ich mich schämen? Warum denn das? Ich bin stolz auf meine Vergangenheit!" sagte Carlotta mit blitzenden

Augen. „Ist es eine Schande, wenn man mit Pferden umgehen kann? Ist es eine Schande, mit einfachen Menschen zusammenzuleben, die gütige Herzen haben?"

Sie beugte sich vor und sprang leicht auf ihre Hände. Der Rock fiel ihr über die Schultern, als sie auf ihren kleinen kräftigen Händen durch den Raum ging. Die Mädchen schauten ihr bewundernd und mit leichtem Lachen zu.

„Ihr könnt mir glauben, die anderen Klassen werden vor Neid platzen, wenn sie Carlottas Geheimnis erfahren", sagte Bobby.

„Das glaube ich dir gern", erwiderte Sadie, die genauso überrascht und begeistert war wie alle anderen.

Alle Mädchen machten fröhliche Gesichter. Nur Helene nicht. Sie verstand die Welt nicht mehr. Es war das Gegenteil von dem eingetreten, was sie erwartet hatte. Es war kaum zu glauben!

Stumm hörte Helene zu, wie man Carlotta bewunderte. Ihre Bombe war explodiert – aber verletzt war nur sie selber. Sie hatte geglaubt, daß die Mädchen Carlotta verachten und meiden würden. Statt dessen wurde sie bewundert und angeschwärmt. Jetzt konnte sie erst recht angeben – und sie würde mehr Freundinnen haben als je zuvor.

Niemand kümmerte sich um Helene. Alle waren viel zu sehr mit Carlotta beschäftigt, außerdem verachteten sie Helene jetzt noch mehr als vorher.

Helene brach beinahe in Tränen aus. Zornig verließ sie den Raum.

Nach diesem Zwischenfall war Carlotta noch viel beliebter als vorher.

Alle bewunderten ihre Aufrichtigkeit, und die meisten hielten sie für ein außergewöhnlich interessantes Mädchen, mit dem sie liebend gerne befreundet sein würden.

„Es muß schon ein Schock für die falsche Schlange gewesen sein, daß wir unsere Carlotta nicht verachten, sondern sie nur noch lieber haben", sagte Hanni. „Ich wette, daß Helene erwartet hatte, wir würden vor Schreck umfallen, weil Carlotta beim Zirkus war. Ich schlage vor, daß wir von nun an tun, als wäre sie gar nicht da. Wir sprechen kein Wort mit ihr und hören nicht einmal zu, wenn sie anfängt zu reden!"

„Das gleiche sollten wir mit Petra machen", meinte Bobby. „Petra ist Helenes Freundin, und sie war dabei, als Helene Carlotta nachspionierte. Es wird ihr guttun, wenn sie merkt, daß wir mit Helenes Verhalten nicht einverstanden sind, und daß wir sie – und auch ihre Freundinnen – nicht sonderlich mögen."

„Eigentlich tut mir Petra leid", sagte Nanni. „Irgendwie ist dieses nervöse kleine Mädchen arm dran. In allem gibt sie sich schreckliche Mühe, auch mit ihren Schularbeiten. Wir sollten nicht zu hart zu ihr sein."

Helene gefiel es ganz und gar nicht, wie die Klassenkameradinnen sie behandelten. Alle gingen sofort aus dem Weg oder begannen dummes Zeug zu reden, wenn sie nur den Mund öffnete. Helene ärgerte sich und ging zu Petra, um sich trösten zu lassen. Sie preßte ein paar Tränen heraus und klagte ihr Leid. Petra versuchte, ihr gut zuzureden.

„Petra, du weißt genau, daß ich Carlotta nicht nachspioniert habe", schluchzte Helene. „Kannst du das den
anderen nicht sagen? Du mußt auch einmal für mich
eintreten. Wozu bist du eigentlich meine Freundin, wenn
du mich dauernd im Stich läßt?"

Und die arme Petra versuchte, Helene zu helfen. Sie
verteidigte sie, sobald die anderen Mädchen sie angriffen.
Dabei war ihr Vertrauen längst geschwunden. Aber wenn
Helene anfing zu weinen, hatte sie sofort Mitleid mit ihr.

So kam es, daß die Klasse sehr bald auch Petra nicht
mehr beachtete. Da zog Petra sich in ihr Schneckenhaus
zurück und fühlte sich unglücklich. Sie vergrub sich
immer mehr in ihre Arbeit.

Nachdem nun alle ihr Geheimnis kannten, fühlte sich
Carlotta in Lindenhof sehr wohl. Sie war ein aufrichtiger,
gerader Mensch, deshalb war es ihr schwergefallen, alles
für sich zu behalten. Die Zwillinge nahmen sie unter ihre
Fittiche: Sie und Carlotta, Bobby und Jenny waren von
nun an dauernd zusammen. Carlotta war zu Frau
Theobald gegangen und hatte ihr erzählt, daß man über
ihre Vergangenheit Bescheid wußte. „Es macht ihnen
nichts aus, daß ich beim Zirkus war", sagte Carlotta und
schaute die Direktorin freimütig an. „Sie haben gedacht,
sie würden mich verachten, nicht wahr?"

Frau Theobald schüttelte den Kopf. „Nein, sicher
nicht. Ich habe mir vielmehr gedacht, daß es die meisten
nicht kümmern würde. Aber ich habe geglaubt, du würdest dich leichter in Lindenhof einleben, wenn dich die
anderen Mädchen nicht für etwas Ungewöhnliches halten. Auch dein Vater hat mich gebeten, dein Geheimnis,

wie er es nannte, zu bewahren. Jetzt ist es bekanntgeworden – und du mußt mir beweisen, daß du dich trotzdem bemühst, eine gute Schülerin zu werden. Dein Vater hat nur noch dich, weißt du, und du wirst später mit ihm zusammenleben. Deshalb ist es wichtig, daß du dich an ein einigermaßen geordnetes, bürgerliches Leben gewöhnst."

Carlotta seufzte. Sie wollte kein solches Leben führen – sie wollte Zirkusluft atmen, wollte ständig in Bewegung sein, wollte neue Städte und neue Menschen kennenlernen – und wollte auf ihrem Pferd Terry durch die Arena reiten. Ziemlich niedergeschlagen verließ sie Frau Theobalds Zimmer. Der Lindenhof kam ihr plötzlich wieder grau und langweilig vor. Nur gut, daß sie so liebe Freundinnen hatte!

Bobby und der quiekende Keks

Schnell verging die Zeit, mit einemmal war der Sommer da. Das Wetter war wunderschön, und die Mädchen genossen jede Minute – nur nicht, wenn sie mit Frau Roberts oder Mamsell hart arbeiten sollten.

„Bobby, kannst du dir nicht etwas ausdenken, wie wir Mamsells Stunde verkürzen könnten?" fragte Hanni seufzend. „Heute will sie die unregelmäßigen Verben abhören! Ich habe sie zwar gelernt – aber der Wind hat sie mir schon wieder aus dem Kopf geblasen. Wenn du uns Mamsell doch wenigstens fünf Minuten vom Leib halten könntest!"

„Du hast schon mindestens eine ganze Woche keinen Streich mehr ausgeheckt", sagte Nanni.

Jenny lachte. „Die gute Bobby ist anscheinend eine Musterschülerin geworden", meinte sie.

Bobby schüttelte den Kopf und grinste. Im Unterricht tat sie nur so viel, wie sie gerade mußte. Aber sie hatte in letzter Zeit ziemlich viel Sport getrieben, deshalb war sie meist zu müde und zu faul gewesen, um sich etwas einfallen zu lassen.

Frau Roberts bekam immer einen grimmigen Blick, wenn sie die unbekümmerte Bobby lässig in ihrer Bank hocken sah. Sie wußte, daß das Mädchen sehr gescheit war. Aber weder ironische Bemerkungen noch Strafen konnten Bobby dazu bewegen, sich wenigstens ein bißchen anzustrengen.

Die Mädchen umlagerten Bobby und bestürmten sie, Mamsell einen Streich zu spielen.

„Mamsell ist heute schrecklicher Laune", sagte Doris. „In der anderen Klasse hat sie die Kreide nach Tessie geworfen, weil sie siebenmal ohne Unterbrechung nieste."

Die Zwillinge lachten. Sie kannten Tessies berüchtigtes Niesen. Sie konnte so oft und so lange niesen, wie sie wollte. Ihr Niestalent setzte sie meist dann ein, wenn der Unterricht sehr langweilig zu werden begann. Alle Lehrerinnen vermuteten, daß dieses Niesen nicht immer notwendig war – aber nur Frau Jenks konnte es schnell abstellen.

„Tessie! Du bekommst schon wieder eine Erkältung!" sagte sie. „Geh sofort zur Hausmutter und laß dir einen großen Löffel Arznei aus Flasche Nummer drei geben."

Die Flasche Nummer drei enthielt eine ganz abscheulich schmeckende Medizin. Tessie fragte sich, ob dieser Trank extra für sie zusammengebraut war oder ob er wirklich gegen Erkältung diente. Deshalb ließ sie ihr vielbewundertes Niesen nur noch selten in Gegenwart von Frau Jenks hören – Mamsell dagegen kam in den vollen „Genuß"! An diesem Morgen hatte Tessie siebenmal kräftig geniest. Sie hatte so geschnaubt, daß Mamsell erschreckt zusammenfuhr. Die Klasse hatte zu kichern angefangen. Mamsell war sehr wütend geworden – und die anderen Klassen wußten, was sie danach erwartete.

„Wenn wir uns nicht etwas ausdenken, müssen wir uns die ganze Stunde mit diesen unregelmäßigen Verben abschinden", jammerte Doris. „Laß dir doch etwas einfallen, Bobby!"

„Mir fällt aber nichts ein", sagte Bobby, die hin und her überlegte, „zumindest nichts, was wir für Mamsell gebrauchen können. Aber wartet – jetzt habe ich eine Idee!"

Die Mädchen schauten Bobby hoffnungsvoll an. Bobby wandte sich an Jenny. „Wo hast du eigentlich den quiekenden Keks, den dir dein Bruder geschickt hat?" fragte sie.

Jenny hatte einen Bruder, der genauso erfinderisch war wie Jenny und Bobby, wenn es darum ging, Lehrer zu ärgern. Er hatte Jenny eine Anzahl Scherzartikel geschickt, darunter einen täuschend echt aussehenden Keks, der laut quiekte, wenn man ihn zwischen Daumen und Zeigefinger hielt und leicht zusammendrückte. Die

Mädchen fanden diesen Keks eigentlich nicht sehr originell.

„Ziemlich kindisch", meinte Jenny. „Diesmal hat mir mein Bruder echt nichts Besonderes geschickt."

Aber nun hatte sich Bobby etwas ausgedacht, und dazu war dieser Keks gut zu gebrauchen. Jenny holte ihn aus ihrer Tasche und reichte ihn Bobby hinüber.

„Da hast du ihn", sagte sie. „Was willst du denn damit machen?"

Bobby preßte den Keks vorsichtig. Er gab einen lauten, quiekenden Ton von sich. „Hört es sich nicht wie ein Kätzchen an?" fragte sie vergnügt. „Jetzt hört mal alle zu. Wie ihr wißt, hat die Schulkatze Junge bekommen. Wenn Mamsell nun in unser Klassenzimmer kommt, wird sie hören, wie wir uns über ein verlorengegangenes Kätzchen unterhalten. Wir sind ganz aufgeregt und machen uns schreckliche Sorgen. Und wenn die Stunde begonnen hat, lasse ich den Keks quieken – Mamsell glaubt dann ganz sicher, daß sich das Kätzchen irgendwo im Zimmer befindet."

Hilda kicherte. „Das ist eine gute Idee", sagte sie. „Und ich weiß einen Weg, die Geschichte noch echter zu machen. Ich bleibe auf dem Korridor, krabble auf Händen und Knien herum und suche überall nach diesem Kätzchen. Wenn mich Mamsell so sieht, fragt sie sicher, was ich da tue. Und dann kann ich sagen, daß wir uns nach einem verlorengegangenen Kätzchen umsehen."

„Klasse!" Hanni war begeistert, denn Hilda war eine ausgezeichnete Schauspielerin und würde ihre Rolle sehr gut spielen. „Das wird ein Spaß werden!"

„Was sich im Klassenzimmer ereignet, nachdem ich den Keks habe quieken lassen, hängt ganz von euch ab", sagte Bobby. „Vorsicht – da kommt Helene. Wir weihen sie nicht ein."

Ungeduldig wartete die Klasse auf die Französischstunde. Die Mädchen zwinkerten sich zu, sooft sie an ihren Plan dachten. Frau Roberts fing ein paar dieser Blicke auf.

„Was soll das bedeuten, Hilda?" fragte sie.

„Es hat nichts zu bedeuten", antwortete Hilda und schaute die Lehrerin mit unschuldigem Blick an.

„Das wäre auch besser für euch", sagte Frau Roberts. „Und jetzt schlagt euer Erdkundebuch auf. Wir wollen schließlich weiterkommen!"

Nach der großen Pause war Französischunterricht. Diesmal strömten die Mädchen eilig ins Klassenzimmer. Sie kicherten vor freudiger Erwartung. Helene konnte gar nicht begreifen, warum die anderen so aufgekratzt waren. Petra war ebenfalls nicht in das Geheimnis eingeweiht worden. Aber ihr fiel nichts Besonderes auf. Sie hatte sich in letzter Zeit sehr zurückgezogen und lebte ganz für sich.

Hilda blieb vor der Tür. Sie krabbelte auf Händen und Knien den Korridor entlang und sah unter alle Schränke. Sie spitzte den Mund und lockte: „Komm, Kätzchen, komm, komm."

„Pst, Mamsell", rief Hanni, und die Mädchen begaben sich auf ihre Plätze. Nanni stellte sich an die Tür, um sie für die Französischlehrerin aufzuhalten. Hilda blieb natürlich draußen auf dem Korridor.

Mamsell kam auf ihren großen Füßen herbeigeeilt. Man hörte sie schon von weitem, denn sie trug plumpe Schuhe und hatte außerdem einen schweren Gang.

Mamsell war sehr überrascht, als sie Hilda erblickte. Sie starrte auf das kniende Mädchen herunter und sprach es an.

„Hilda, ma petite! Qu'est-ce que tu fais?" rief sie. „Was machst du denn da? Hast du etwas verloren?"

„Kätzchen, komm, komm, Kätzchen!" lockte Hilda. Dann richtete sie sich auf. „Mamsell, haben Sie zufällig ein kleines Kätzchen gesehen? Die Schulkatze hat doch Junge bekommen, und eines von ihnen ist verlorengegangen. Ich suche schon die ganze Zeit nach dem armen kleinen Ding."

Mamsell blickte den Korridor hinauf und dann wieder hinunter. „Ich habe keine kleine Katze gesehen", sagte sie. „Komm jetzt, Hilda, wir müssen anfangen. Es ist zwar sehr nett von dir, dieses Kätzchen zu suchen. Aber ich glaube nicht, daß wir es jetzt finden."

„Bitte, Mamsell, ich möchte mich noch ein bißchen umschauen", bettelte Hilda. „Vielleicht hat es sich in diesem großen Schrank verkrochen. Ich glaube, ich habe eben einen Laut gehört."

Hilda öffnete den Schrank. Im Klassenzimmer war es mucksmäuschenstill. Alle lauschten, was draußen passierte. Nanni spähte durch den Türspalt.

„Hast du das arme kleine Kätzchen gefunden?" rief sie Hilda zu.

„Oh, Mamsell, ist das nicht schrecklich traurig? Das

winzige Ding wird sich zu Tode fürchten!"

Mamsell betrat das Klassenzimmer und legte ihre Bücher auf das Pult.

„Die kleine Katze wird sich schon irgendwo finden", sagte sie. „Geht jetzt an eure Plätze. Hilda, ich sage dir zum letztenmal, komm rein. Du kannst später weitersuchen."

„Mamsell", sagte Bobby, als Hilda ins Zimmer trat und die Tür hinter sich schloß, „Mamsell, glauben Sie, daß das kleine Kätzchen den Kamin hinaufgeklettert ist? Ich habe einmal von einer Katze gehört, die eines Tages da hinaufgestiegen ist und oben zum Schornstein wieder herauskam."

„Und wir hatten eine Katze, Mamsell, die ist einmal ...", nahm Doris den Faden auf, um wieder ein paar Minuten der Französischstunde zu vergeuden. Aber Mamsell wollte keine Geschichten mehr hören. Sie klopfte energisch auf ihr Pult, und Doris hörte auf zu reden.

„Genug jetzt", sagte Mamsell und runzelte die Stirn. „Willst du dich nicht endlich hinsetzen, Hilda? Du glaubst doch nicht, daß das Kätzchen im Klassenzimmer ist!"

„Es könnte hier sein, Mamsell", meinte Hilda und begann wieder herumzusuchen. „Wissen Sie, mein Bruder hatte einmal eine Katze, die ..."

„Wenn ich noch einmal das Wort ‚Katze' höre, dann gebe ich euch einen dreiseitigen französischen Aufsatz über Katzen auf", drohte Mamsell.

Daraufhin wurde es schlagartig still. Mamsell war dafür

bekannt, daß sie ihre Drohungen wahr machte.

„Holt eure Grammatikbücher heraus", sagte Mamsell, „und schlagt Seite achtundneunzig auf. Heute wollen wir uns wieder mit den unregelmäßigen Verben beschäftigen. Fang an, Doris!"

Doris seufzte. Sie stand auf und fing an, die Verben aufzusagen, die zu lernen waren. Arme Doris! Es war bei ihr ganz gleichgültig, ob sie sich gut oder schlecht vorbereitet hatte. Sobald sie Mamsells erwartungsvolles Gesicht sah, konnte sie sich an kein einziges Wort mehr erinnern. Stockend begann sie zu sprechen.

„Doris, du hast wieder nicht gelernt", sagte Mamsell ärgerlich. „Morgen möchte ich die Verben fehlerlos hören! Hanni, steh auf! Hoffentlich weißt du mehr als Doris. Wenigstens weißt du, wie man die französischen R richtig ausspricht. R-r-r-r."

Die Klasse kicherte. Wenn Mamsell ihre R-r-r-r rollte, dann klang es, als ob ein Hund knurrte. Mamsell klopfte auf ihr Pult. „Ruhe! Hanni, fang an!"

Aber bevor Hanni mit dem Aufsagen beginnen konnte, drückte Bobby ihren Keks langsam und vorsichtig zwischen Daumen und Zeigefinger zusammen. Ein wehleidiger Ton war zu hören. Alle schauten auf.

„Das Kätzchen", sagte Hanni. „Das Kätzchen!"

Sogar Mamsell lauschte. Das Quietschen hatte sich wirklich angehört, als käme es von einem Kätzchen, das sich fürchtete. Bobby wartete, bis Hanni endlich anfing, ihre Verben aufzusagen, und ließ dann den Keks ein zweites Mal quietschen. Hanni hielt inne und schaute sich um. Mamsell stand vor einem Rätsel.

7 3643-10

„Wo ist denn nur dieses arme kleine Ding?" sagte Katrin. „Mamsell, wo kann es sein?"

„Sicher ist es den Kamin hinaufgeklettert", meinte Hilda und sprang hoch, als könne sie es dann sehen.

„Assieds-toi, Hilda", rief Mamsell. „Setz dich sofort hin! Du hast dich schon genug nach der kleinen Katze umgesehen. Hanni, mach weiter!"

Hanni fuhr fort. Bobby ließ sie reden, bis sie einen Fehler machte – und bevor Mamsell auf den Fehler hinweisen konnte, preßte sie den Keks fest zusammen.

Ein lauter, wimmernder Ton war zu hören. Aufgeregte Stimmen erhoben sich.

„Mamsell, die Katze ist im Zimmer!"

„Mamsell, wir müssen das arme kleine Ding suchen!"

„Mamsell, vielleicht ist es verletzt!"

Bobby ließ den Keks wieder quieken. Mamsell klopfte verzweifelt auf ihr Pult.

„Seid bitte ruhig. Ich werde nachsehen, ob die kleine Katze im Kamin ist!"

Mamsell verließ ihr Pult und ging zum Kamin. Sie beugte sich hinunter und versuchte, den Schornstein hinaufzuschauen. Dann nahm sie ein Lineal und fühlte die Wände ab. Ruß stäubte herunter und fiel auf Mamsells Hände. Sie sprang zurück. Ihre Hände waren ganz schwarz geworden. Die Klasse begann zu kichern.

„Mamsell, die Katze ist vielleicht im Schrank", meinte Jenny. „Soll ich mal hineinschauen? Sie kann sonst nirgends sein."

Mamsell war froh, daß niemand verlangte, sie solle noch einmal im Kamin nachschauen. Ärgerlich betrachtete sie ihre schmutzigen Hände. „Hilda, öffne den Schrank", sagte sie schließlich.

Hilda sprang sofort hin, um ihn aufzumachen. Natürlich war dort keine Seele zu finden. Trotzdem durchwühlte Hilda alle Schubfächer und warf sämtliche Handarbeitssachen heraus.

„Hilda! Das ist doch nicht notwendig!" schrie Mamsell, die langsam in Wut geriet. „Wißt ihr, ich glaube gar nicht mehr an diese verschwundene Katze. Aber ich warne euch! Wenn ihr mich hereinlegen wollt, dann könnt ihr mit einer schrecklichen Strafe rechnen. Ich gehe jetzt hinaus, um meine Hände zu waschen. Während ich draußen bin, schaut ihr euch die unregelmäßigen Verben auf Seite achtundneunzig an. Ich will keinen Ton mehr hören. Ihr habt euch sehr schlecht benommen!" Mamsell verließ den Raum, wobei sie ihre rußigen Hände weit von sich wegstreckte.

Als die Tür hinter ihr geschlossen war, brach die Klasse in lautes Lachen aus. Bobby preßte den Keks, so fest sie nur konnte. Helene starrte überrascht hin. Da sie von der ganzen Sache nichts wußte, hatte sie wirklich geglaubt, daß ein Kätzchen verlorengegangen war. Nun war es Bobby also doch wieder gelungen, einen Streich zu spielen – und ungestraft davonzukommen. Helene hätte zu gern Mamsell alles erzählt!

„Hat es nicht phantastisch geklappt?" fragte Bobby und steckte den Keks ein. „Die halbe Stunde ist vorbei, und kaum jemand hat seine Verben aufsagen müssen. Jenny, du mußt deinem Bruder schreiben, daß sein Keks ein großer Erfolg war!"

Mamsell kam in schlechtester Stimmung zurück. Beim Händewaschen war sie zu der Überzeugung gekommen, daß man sie hereingelegt hatte. Aber sie konnte sich dieses seltsame Wimmern nicht erklären. Grimmig säuberte sie ihre Hände und nahm den Unterricht wieder auf. Sie wollte es ihnen in der nächsten halben Stunde nicht zu leicht machen.

Jetzt kam Helene an die Reihe, die unregelmäßigen Verben aufzusagen. Helene stand auf und begann mit den ersten Verben. Sie war sehr schlecht in Französisch und machte Fehler über Fehler. Sie konnte einfach diese schrecklichen Endungen nicht behalten.

„Helene! Du bist noch dümmer als Doris", rief Mamsell und stampfte wütend mit dem Fuß auf. „O diese Klasse! Ihr habt nichts gelernt, nichts, sage ich, absolut nichts! Morgen werde ich mit euch eine Klassenarbeit schreiben. Dann könnt ihr beweisen, was in euch steckt. Helene, schau mich nicht an wie ein Huhn, wenn's donnert. Du und Doris, ihr seid schreckliche Mädchen. Wenn ihr morgen wieder eine ungenügende Arbeit schreibt, werde ich mich bei Frau Theobald beschweren. Diese Klasse bringt mich noch ins Grab!"

Die Mädchen hörten erschrocken zu. Eine französische Klassenarbeit! Das war das Schlimmste, das ihnen passieren konnte.

Helene setzte sich. In diesem Augenblick haßte sie Mamsell. Sie saß stumm in ihrer Bank und grübelte. Wenn Bobby nicht diesen Unfug getrieben hätte, dann wäre Mamsell niemals in Wut geraten – und dann brauchte die Klasse auch nicht diese scheußliche Arbeit

100

zu schreiben. Helene überlegte und überlegte, wie sie sich davor drücken könnte. Wenn sie doch morgen nur krank wäre – oder besser noch, wenn sie doch vorher erfahren könnte, was Mamsell für Fragen stellte! Dann wäre alles sehr einfach – und sie könnte sogar noch mit ihrem Wissen glänzen!

Helene auf Abwegen

Je länger Helene über diese Klassenarbeit nachdachte, desto zorniger wurde sie auf Bobby. „Wahrscheinlich bildet die sich auf ihre albernen Scherze auch noch was ein!" murmelte Helene. „Und was ist dabei herausgekommen? Diese schreckliche Klassenarbeit, in der ich unweigerlich versagen werde. Dann schreit mich Mamsell furchtbar an, und vielleicht muß ich sogar zu Frau Theobald gehen."

Helene wollte mit Petra darüber sprechen. Sicher konnte sie Petra in der Bibliothek finden, denn dorthin zog sie sich jetzt häufig zurück. Unterwegs kam sie an der offenen Tür des Lehrerzimmers vorbei. Helene spähte hinein.

Mamsell saß allein an einem Tisch. Sie schrieb etwas auf ein Blatt Papier. Helene war überzeugt, daß es die Fragen für die Klassenarbeit waren. Wenn sie doch nur einen Blick darauf werfen könnte! Unschlüssig blieb sie an der Tür stehen. Sie versuchte, sich eine Entschuldigung auszudenken, um zu Mamsell ins Zimmer gehen zu können. Die Französischlehrerin sah den Schatten an der Tür und blickte auf.

„Ah, Helene!" sagte sie noch immer zornig. „Morgen könnt ihr zeigen, ob ihr etwas gelernt habt. Ich bringe euch schon noch bei, was Arbeit bedeutet!"

Helene faßte ihren Entschluß sehr rasch. Sie würde ins Lehrerzimmer gehen und Mamsell erzählen, wie man sie hereingelegt hatte. Vielleicht konnte sie dabei schnell einen Blick auf die Fragen werfen, die vor Mamsell auf dem Schreibtisch lagen. So betrat Helene das Zimmer. Sie hatte ihr bravstes Unschuldsgesicht aufgesetzt.

„Mamsell, es tut mir schrecklich leid, daß wir Sie so geärgert haben", begann sie. „Wissen Sie, es war nur diese dumme Sache daran schuld – dieser quiekende Keks."

Mamsell starrte Helene an, als ob das Mädchen den Verstand verloren hätte.

„Der quiekende Keks?" fragte sie in größtem Erstaunen. „Was soll dieser Unsinn bedeuten?"

„Mamsell, das ist kein Unsinn. Bobby hatte einen Scherzartikel, einen künstlichen Keks, der wie eine Katze quiekt, wenn man darauf drückt ..."

Während Helene alles ausführlich erzählte, bemühte sie sich, die französischen Fragen zu lesen. Anscheinend hatte Mamsell ihre Liste fertiggeschrieben. Zwölf Fragen standen auf einem großen Block. Helene gelang es, die erste zu entziffern.

Mamsell hörte Helene genau zu, und sofort wußte sie zwei Dinge – erstens, was es mit dem verschwundenen Kätzchen auf sich hatte, und zweitens, daß Helene eine gemeine Petze war. Und wie die meisten anderen Lehrerinnen konnte sie solche Angeberinnen nicht leiden.

Während Helene fortfuhr zu reden, veränderte sich Mamsells Gesicht. Es wurde hart und kalt.

„Und Bobby meinte, es sei eine gute Idee, wenn wir bei Ihnen den Keks quieken lassen. Wir könnten dann Ihren Unterricht stören und brauchten nicht diese unregelmäßigen Verben aufzusagen, und deshalb ..." Helene hielt inne. Sie hatte Mamsells Gesicht gesehen, und das Wort war ihr in der Kehle steckengeblieben.

„Helene, du bist widerwärtig", sagte Mamsell. „Ja – widerwärtig und gemein. Ich mag dich nicht. Es überrascht dich vielleicht – aber ich lasse mich lieber hereinlegen, als daß ich jemandem zuhöre, der seine Schulkameradinnen verpetzt. Verlasse sofort das Zimmer!"

Helenes Gesicht wurde flammend rot. Sie war wütend und gekränkt – und außerdem hatte sie nur eine einzige Frage lesen können. Mamsell nahm den Bogen mit den Fragen und legte ihn in ihre Schreibtischschublade. Das Mädchen verließ zögernd den Raum, es war nahe daran, vor lauter Wut in Tränen auszubrechen.

Ich weiß auf jeden Fall, wo sie die Fragen hingelegt hat, dachte sie rachsüchtig. Ich habe nicht schlecht Lust, mich heute nacht in ihr Zimmer zu schleichen, und mir die Fragen anzuschauen. Niemand würde es erfahren. Und dann schreibe ich die beste Klassenarbeit!

Je mehr sie darüber nachdachte, desto entschlossener wurde sie. Irgendwie werde ich mir diese Fragen beschaffen, nahm sie sich vor. Egal, was passiert – ich hole sie mir!

103

Ob Bobby wohl bestraft werden würde? Zu ihrem großen Ärger mußte Helene feststellen, daß man über die ganze Sache kein Wort verlor. Dabei überwachte heute Mamsell die Hausaufgaben und ließ sogar Bobby an ihr Pult kommen, um ihr etwas zu erklären.

Vielleicht schickt sie Bobby zur Direktorin, dachte das Mädchen boshaft.

Mamsell handelte aber ganz anders. Zuerst war sie sehr zornig auf Bobby gewesen. Doch dann war ihr Humor durchgebrochen. Sie mußte lachen, als sie daran dachte, wie sie mit einem Lineal im Kamin herumstocherte und ein Kätzchen suchte, das es überhaupt nicht gab. Fast gegen ihren Willen verflog ihr Ärger – und sie entschloß sich, nichts gegen Bobby zu unternehmen. Nur die Klassenarbeit würde sie schreiben lassen, das hatte sie sich fest vorgenommen.

Als Mamsell am Abend die Aufgaben überwachte und Bobby sah, konnte sie nicht der Versuchung widerstehen, ihr einen kleinen Schreck einzujagen. Sie ließ sie an ihr Pult kommen, um ihr etwas zu erklären. Am Ende machte sie eine Bemerkung, die Bobby ganz schön ins Schwitzen brachte.

„Magst du eigentlich Kekse, Bobby?" fragte sie, und ihre großen braunen Augen schauten Bobby durchdringend an. „Eh – eh – ja, Mamsell", sagte Bobby nach kurzem Zögern. Was würde nun kommen?

„Das dachte ich mir", erwiderte Mamsell und wandte sich wieder Bobbys Heft zu. Bobby wagte nicht, näher nachzufragen. Aber sie war ganz sicher, daß Mamsell Bescheid wußte. Wer konnte es ihr nur verraten haben?

Natürlich Helene! Diese falsche Schlange! Bobby erwartete, daß ihr Mamsell noch ein paar unangenehme Fragen stellte, aber Mamsell sprach nur über ihre französischen Fehler.

„Jetzt kannst du dich wieder setzen", sagte Mamsell und warf Bobby einen scharfen Blick zu. „Es interessiert dich vielleicht, daß ich Kekse nicht so gern mag wie du, ma chère Bobby!"

„Nein, Mamsell – eh, ich meine, ja Mamsell", stotterte die verwirrte Bobby und ging schnell auf ihren Platz zurück. Wenn Mamsell alles weiß und mich nicht bestraft, dann ist das echt fair von ihr, dachte sie.

Als in der Nacht alle Mädchen fest schliefen, setzte sich Helene im Bett auf. Sie lauschte, ob alle tief und regelmäßig atmeten, und schlüpfte hinaus. Es war sehr warm, und sie zog weder Morgenrock noch Hausschuhe an. Mit nackten Füßen schlich sie aus dem Schlafsaal und ging die Treppe zum Lehrerzimmer hinunter. Es lag in vollkommenem Dunkel. Helene hatte ihre Taschenlampe dabei. Sie schaltete sie an und suchte Mamsells Schreibtisch. Da stand er – direkt vor ihr.

Jetzt kann ich mir die Fragen in Ruhe ansehen – und mir gleich die Antworten herausschreiben, dachte Helene erfreut. Glücklicherweise ist niemand aufgewacht, niemand hat etwas gemerkt. Aber Helene täuschte sich. Carlotta hatte einen sehr leichten Schlaf und wachte beim geringsten Geräusch auf, so auch diesmal. Sie hatte das Türschloß schnappen gehört und sich sofort im Bett aufgesetzt. Im Halbdunkel sah sie eine Gestalt aus dem Zimmer schlüpfen. Carlotta wunderte sich darüber.

Sie stand auf und rannte zu dem angrenzenden Schlaf-saal, in dem Bobby, Petra, Doris und noch fünf andere Mädchen lagen. Sie steckte ihren Kopf durch die Tür. Alles schlief – nur Bobby war wach. Sie hatte gesehen, wie sich die Tür öffnete und eine Gestalt hereintrat. „Wer ist da?" flüsterte Bobby.

„Ich", sagte Carlotta. „Ich habe jemand aus unserem Schlafsaal schlüpfen sehen, und ich dachte, es sei eine von euch, die uns einen Streich spielen will."

„Nein, wir sind alle da." Bobby schaute sich im Saal um.

„Bist du auch sicher, daß es nicht jemand aus deinem Schlafsaal ist?"

„Daran habe ich gar nicht gedacht", flüsterte Carlotta.

„Ich schaue schnell nach." Carlotta ging zurück in ihr Zimmer. Sie entdeckte sofort, daß Helenes Bett leer war. Wieder lief sie zu Bobby. „Helene ist weg", wisperte sie. „Was hat sie nur vor? Sicher plant sie wieder irgendwas Gemeines, oder was meinst du?"

„Wir werden nachschauen", sagte Bobby und stand auf.

Zusammen schlichen die beiden durch den Korridor und stiegen die Treppe hinunter. Unten blieben sie einen Augenblick stehen.

„Im Lehrerzimmer ist Licht", flüsterte Carlotta. „Vielleicht ist sie dort. Was hat sie nur vor?"

„Eigentlich spioniere ich nicht gern hinter jemand her", sagte Bobby, die sich unbehaglich fühlte. Aber Carlotta hatte keine solchen Bedenken.

Leise ging sie in ihren weichen Hausschuhen zu der halbgeöffneten Tür des Lehrerzimmers. Sie schaute hinein – und erkannte Helene, die aufmerksam die Liste mit den Fragen durchlas. Ihr französisches Grammatikbuch hatte sie in der Hand.

Carlotta wußte sofort, was Helene machte. Sie winkte Bobby heran. Bobby, für die ein solches Verhalten unvorstellbar war, war erschüttert. Carlotta dagegen wunderte sich nicht, sie hatte schon zu viele seltsame Dinge erlebt – und sie kannte Helenes Charakter.

Bobby betrat sofort das Zimmer. Carlotta folgte ihr. Helene erschrak so, daß ihr das Grammatikbuch aus der Hand fiel. Sie starrte Bobby und Carlotta entsetzt an.

„Was machst du da?" fragte Bobby. Sie war so zornig, daß sie alle Vorsicht vergaß und laut redete: „Mogeln!"

„Nein, das tue ich nicht", sagte Helene und entschloß sich, Bobby und Carlotta von oben herab zu behandeln. „Ich bin nur hergekommen, um in der französischen Grammatik etwas nachzuschauen. Und das werde ich wohl noch dürfen!"

Carlotta flitzte zum Schreibtisch und griff sich die Liste mit den Fragen. „Schau her, Bobby", schrie sie. „Sie mogelt doch. Hier sind die Fragen für die morgige Klassenarbeit."

Bobby betrachtete Helene mit tiefer Verachtung. „Was für eine Heuchlerin du bist, Helene!" sagte sie. „Dauernd gehst du herum und tust so brav und fromm und anständig – und doch lügst und betrügst du, wo du nur kannst. Du siehst auf Carlotta herunter, weil sie beim Zirkus war – aber ich sage dir, *wir* schauen auf dich herunter. Du bist durch und durch falsch, hinterlistig und gemein!"

Es waren schreckliche Dinge, die Bobby sagte, und

Helene brach in Tränen aus. Sie legte ihren Kopf auf den Schreibtisch und verbarg das Gesicht in den Händen. Ein Stoß Bücher geriet ins Wanken und stürzte mit lautem Getöse zu Boden.

Frau Theobalds Schlafzimmer lag direkt unter dem Gemeinschaftsraum der Lehrerinnen. Die Direktorin hörte den Krach, dann vernahm sie laute Stimmen. Sie knipste das Licht an und schaute auf die Uhr. Es war Viertel nach zwei. Wer konnte denn um diese Zeit noch auf sein?

Frau Theobald zog ihren Morgenrock an, schlüpfte in die Hausschuhe und verließ das Zimmer. Sie ging die Treppe hinauf. Oben schaute sie sich im Korridor um und ging dann auf das Licht zu, das aus dem Lehrerzimmer kam. Sie war gerade an der Tür, als Bobby ihre letzten Worte sprach. Die Direktorin hielt verwundert inne.

Frau Theobald meistert eine schwierige Situation

„Mädchen", sagte Frau Theobald mit ihrer klaren, bestimmten Stimme. „Mädchen! Was soll denn das bedeuten?"

Als die drei Frau Theobald an der Tür erblickten, trat Totenstille ein. Helenes Herz fing an, wild zu klopfen, und Bobby bekam den größten Schreck ihres Lebens. Nur Carlotta blieb vollkommen ruhig.

108

„Nun?" sagte Frau Theobald, trat ins Zimmer und schloß die Tür. „Ich muß euch um eine Erklärung bitten. Schließlich ist es recht ungewöhnlich, euch mitten in der Nacht hier zu sehen. Vielleicht kannst du mir Auskunft geben, Roberta?"

„Ja, das kann ich", platzte Bobby heraus. „Sicher können Sie erraten, was Carlotta und ich entdeckt haben!"

„Sie mogelt", sagte Carlotta mit ihrer fremdartig klingenden Stimme. „Sie hat Mamsells Schreibtisch geöffnet und die Fragen für die französische Klassenarbeit herausgenommen. Sie hat sie durchgelesen und gleich die Antworten vorbereitet, damit sie morgen glänzen kann."

Helene fing wieder an, laut zu schluchzen.

„Das ist nicht wahr, das ist nicht wahr", jammerte sie. „Carlotta sagt das nur, weil ich herausgefunden habe, daß sie ein hergelaufenes Zirkusmädchen ist. Ich hasse sie! Und ich hasse Bobby – aber Carlotta ist die Schlimmste von allen. Dauernd macht sie sich mit ihrer Zirkusvergangenheit wichtig."

Carlotta lachte. „Ich freue mich, daß du mich nicht leiden kannst", sagte sie zu Helene. „Es wäre mir gar nicht angenehm, wenn es anders wäre. Nie habe ich beim Zirkus Menschen getroffen, die auch nur annähernd so niederträchtig gewesen wären, wie du!"

„Sei ruhig, Carlotta", unterbrach sie die Direktorin. Sie machte sich große Sorgen. Das war ja eine üble Sache. „Geht alle zurück ins Bett. Morgen früh werden wir weitersehen. Ist Helene im gleichen Schlafsaal wie ihr?"

„In unserem", erwiderte Carlotta. „Bobby schläft nebenan."

„Dann geht jetzt", sagte Frau Theobald. „Wenn ich heute nacht noch einen Ton höre, werde ich morgen früh erst recht unangenehm werden."

Sie wartete, bis die drei Mädchen in ihren Schlafsälen verschwanden, dann ging sie wieder in ihr Zimmer zurück. Wie ließ sich diese mißliche Angelegenheit regeln? Hatte sie einen Fehler gemacht, als sie das kleine Zirkusmädchen Carlotta in Lindenhof aufnahm? Sie hätte es sich denken können, daß früher oder später alles herauskommen würde! Auf jeden Fall mußte sie sich um Helene Arnold kümmern – Frau Theobald konnte das Mädchen genausowenig leiden wie die anderen Lehrerinnen. Und Roberta – was sollte sie zu ihr sagen? In allen Fächern bummelte sie und gab Anlaß zu Klagen.

Die drei Mädchen legten sich in ihre Betten. Carlotta schlief sofort ein. Sie machte sich selten Sorgen; sie fand, daß sie keinen Grund hatte, sich aufzuregen. Bobby lag lange Zeit wach und dachte über alles nach. Sie verachtete zwar Helene – aber sie wollte auch nicht, daß das Mädchen ihretwegen in Schwierigkeiten geriet.

Helene regte sich am meisten auf. Es war weiß Gott eine ernste Sache, wenn man beim Mogeln erwischt wurde. Sie hatte sich immer so bemüht, vor den anderen als Musterschülerin dazustehen – und jetzt würden alle wissen, daß sie es nur nach außen hin war. Und alles, weil sich diese beiden in Dinge gemischt hatten, die sie gar nichts angingen! Carlotta, ja, Carlotta war an allem schuld, dachte sie.

Am nächsten Morgen wurden die drei Mädchen zu Frau Theobald gerufen. Einzeln mußten sie mit ihr sprechen. Zuerst war Carlotta an der Reihe. Sie erzählte der Direktorin noch einmal, was geschehen war, und machte noch ein paar Bemerkungen über Helene.

„Sie schaut auf mich herunter, weil ich ein Zirkusmädchen bin", sagte Carlotta. „Aber glauben Sie mir, Frau Theobald, kein Zirkus würde eine solche Person länger als eine Woche behalten."

Frau Theobald antwortete nicht, aber im geheimen stimmte sie Carlotta zu. Helene war kein Gewinn für Lindenhof, und Frau Theobald zweifelte auch, ob es für Helene gut wäre, wenn sie noch länger hierblieb. Die Direktorin war stolz darauf, daß es ihr gelang, aus den meisten Mädchen etwas Ordentliches zu machen. Nur sehr wenig widerstanden dem guten Einfluß, den die Schule auf sie ausübte, aber es schien, als ob Helene zu diesen wenigen gehörte. Sie war das einzige Kind von weichherzigen, nachsichtigen Eltern, die ihrem Liebling jeden Wunsch von den Augen ablasen und nur ihre guten Eigenschaften sahen.

Nachdem sie Carlotta weggeschickt hatte, sprach die Direktorin mit Bobby. Das Mädchen wollte nicht viel über Helene sagen, sie hatte eher vor, sie ein klein wenig in Schutz zu nehmen — Bobby war kein Mensch, der anderen Ungelegenheiten bereiten wollte. Als sie das Zimmer betrat, wunderte sie sich, daß Frau Theobald sie so kalt anblickte und ihr nicht die Spur eines Lächelns schenkte.

„Es war sicher sehr häßlich, zu entdecken, daß eine deiner Mitschülerinnen mogelt", begann Frau Theobald und sah Bobby fragend an. „Soviel ich weiß, ist für dich ein solcher Betrug schlimmer als alles andere! Stimmt es, Roberta?"

„Ja, Frau Theobald", gab Bobby freimütig zu. Trotz der vielen Streiche, die sie spielte, war sie ein aufrichtiges, vertrauenswürdiges Mädchen. „Ich finde einen solchen Betrug abscheulich."

Und dann sagte Frau Theobald etwas sehr Überraschendes: „Irgendwie kommt es mir seltsam vor, Roberta, daß du auf der einen Seite ein so stark ausgeprägtes Ehrgefühl hast – und auf der anderen Seite selber eine Betrügerin bist!"

Bobby starrte die Direktorin an, als traute sie ihren Ohren nicht.

„Bitte, was haben Sie gesagt, Frau Theobald?" fragte sie schließlich. „Ich habe Sie nicht richtig verstanden."

„Du hast mich sehr gut verstanden, Roberta. Ich sagte, daß es sehr seltsam sei, wenn jemand ein stark ausgeprägtes Ehrgefühl hat – und trotzdem eine große Betrügerin ist!"

„Ich betrüge nicht!" Bobbys Wangen wurden hochrot vor Ärger. Zornig funkelte sie die Direktorin an. „Ich habe noch nie in meinem Leben jemand betrogen!"

„Dein ganzes Leben kenne ich nicht", sagte Frau Theobald, „aber ich habe dich die letzten zwei Monate genau beobachtet, Roberta. Warum glaubst du, haben dich deine Eltern hierher nach Lindenhof geschickt? Damit du dir eine schöne Zeit machst? Warum bezahlen sie wohl Schulgebühren und Aufenthaltskosten? Damit du hier herumspielst und dir dumme Streiche ausdenkst? *Du* betrügst, Roberta – ja, du betrügst ganz schamlos. Du betrügst deine Eltern, die dafür bezahlen, daß du etwas lernst – du betrügst die Schule, denn du bist intelligent und machst deinen Lehrerinnen nur Ärger. Und du betrügst dich selbst, weil du herumfaulenzt und dir nicht das erarbeitest, was du später so notwendig brauchst. Du willst so wenig wie möglich tun und dafür lieber alberne Scherze ausführen, um dich bei deiner Klasse beliebt zu machen. In gewisser Weise bist du eine genauso große Betrügerin wie Helene."

Bobbys Gesicht wurde kalkweiß, während sie Frau Theobald zuhörte. Das hatte ihr noch niemand gesagt. Bisher hatte sie weder mit Schulkameradinnen noch Lehrerinnen ernsthafte Schwierigkeiten gehabt – alle hatten sie gemocht. Und jetzt machte ihr die Direktorin so häßliche Vorwürfe. Das war ein schwerer Brocken.

Das Mädchen saß still da, es brachte kein Wort über die Lippen.

„Es ist besser, wenn du jetzt gehst, Roberta", sagte Frau Theobald. „Bitte, denk einmal in Ruhe über alles nach, was ich dir gesagt habe. Prüfe dich, ob dein Ehrgefühl wirklich so groß ist, wie du glaubst – wenn ja, dann wirst du mir zustimmen, daß ich recht habe, und vielleicht werde ich dann keine Klagen mehr über dich hören."

Bobby stand auf. Sie sah noch immer sehr blaß aus. Sie murmelte irgend etwas und ging aus dem Zimmer. Alles kam ihr wie ein Traum vor. Sie stand wie unter Schock. Noch nie in ihrem Leben war es ihr zu Bewußtsein gekommen, daß man auf verschiedene Weise mogeln und betrügen kann.

Helene wurde als letzte zu Frau Theobald hineingeru-

113

fen. Für die Direktorin war sie der schwierigste Fall. Frau Theobald hatte sich entschlossen, möglichst klar und offen mit ihr zu reden. Helene mußte wissen, woran sie war – und dann mußte sie ihre Entscheidung selber treffen!

Ziemlich eingeschüchtert kam Helene herein. Sie versuchte, Frau Theobald in die Augen zu schauen, aber es gelang ihr nicht. Die Direktorin deutete auf den Stuhl vor ihrem Schreibtisch, befahl Helene sich zu setzen und betrachtete sie genauso streng, wie sie Bobby betrachtet hatte.

„Bitte, Frau Theobald", begann Helene, „bitte, denken Sie nicht schlecht von mir."

„Doch, ich denke schlecht von dir", fiel ihr die Direktorin ins Wort, „sehr schlecht sogar! Und unglücklicherweise habe ich damit sogar noch recht. Mir ist nicht bekannt, wie intelligent du bist oder wie fleißig du im Unterricht mitarbeitest oder was du sonst für Fähigkeiten hast, da müßte ich erst deine Klassenlehrerin fragen. Aber ich weiß ganz genau, was für einen Charakter meine Schülerinnen haben. Denn das muß ich wissen, wenn ich meine Schule gut leiten will. Und deshalb, Helene, ist mir sehr wohl bekannt, was für ein Mensch du bist!"

Helene brach in Tränen aus.

Wenn sie merkte, daß man unfreundlich zu ihr war, fing sie immer zu heulen an. Auf Frau Theobald hatten Helenes Tränen nicht die geringste Wirkung. Sie schaute Helene nur noch kühler an.

„Wenn du weinen willst, dann tu es", fuhr sie fort,

114

„aber ich würde sehr viel mehr von dir halten, wenn du mir aufmerksam zuhörtest und dich ein bißchen tapfer zeigtest. Ich brauche dir nicht zu sagen, was du für einen Charakter hast, Helene, und ich brauche dir auch nicht deine Unredlichkeit, Verächtlichkeit und Bosheit vor Augen zu führen. Du bist intelligent genug, um das selber zu wissen – und schlau genug, um diese Eigenschaften zu benutzen und vor den anderen zu verbergen. Meine Schule kann dich nicht brauchen – wenn du nicht tapfer und energisch genug bist, diese schlechten Eigenschaften abzulegen. Wenn du das nicht fertigbringst, kann ich dich nicht in Lindenhof behalten. Denke darüber nach und komme mit dir ins reine. Du hast Zeit bis zum Ende des Schuljahres, um dich zu entscheiden!"

Das war so ziemlich die einzige Sprache, die Helene wirklich verstand. Anders durfte man sie nicht behandeln, wenn man etwas erreichen wollte. Sie starrte Frau Theobald entsetzt an.

„Was – was werden nur meine Eltern dazu sagen?" flüsterte Helene eingeschüchtert.

„Das ist deine Angelegenheit", erwiderte die Direktorin. „Und jetzt geh bitte. Ich habe sehr viel zu tun und habe schon viel zuviel Zeit mir dir und den anderen vergeudet."

Niedergeschlagen verließ Helene das Zimmer. Sie war genauso entsetzt und erschrocken wie Bobby. Sie holte ihre Bücher und ging zum Unterricht. Aber sie nahm kein Wort von dem, was die Lehrerin sagte, in sich auf. Auch Bobby konnte nicht zuhören. Beide Mädchen waren zu sehr mit sich beschäftigt.

Nach dem Unterricht verschwand Bobby plötzlich. Hanni und Nanni bemerkten, wie sie in Richtung Tennisplatz davonlief.

„Sie sieht eigentlich sehr blaß aus", meinte Hanni. „Ich möchte nur wissen, was passiert ist?"

„Komm, wir schauen nach", schlug Nanni vor. Die Zwillinge rannten in den Garten, um Bobby zu suchen. Auf dem Tennisplatz war sie nicht – aber Hanni sah in der Nähe ein Mädchen mit blauem Faltenrock und weißer Bluse. Sie lief die kleine Anhöhe hinauf und sah, daß es Bobby war.

„Bobby", rief sie, als sie bei ihr angelangt war, „Bobby, was ist denn los?"

Hanni sah sofort, daß Bobby in Schwierigkeiten war, denn sie wirkte sehr bedrückt.

„Laßt mich bitte allein", sagte Bobby mit gepreßter Stimme. „Ich möchte über etwas nachdenken. Man hat mir vorgeworfen, ich – ich sei eine Betrügerin!"

„Dir – dir hat man vorgeworfen, du seist eine Betrügerin?!" schrie Hanni aufgebracht. „So eine Gemeinheit! Wer hat gewagt, so etwas zu behaupten? Sag es mir sofort! Ich werde zu dieser niederträchtigen Person gehen und ihr sagen, was ich von ihr halte!"

„Es war Frau Theobald." Bobby schaute die Zwillinge trübselig an.

„Frau Theobald?" Die Zwillinge waren total überrascht. „Aber warum nur? Wie gemein von ihr! Wir werden zu ihr gehen und ihr sagen, daß sie dich zu Unrecht beschuldigt."

„Nun – sie hat nicht ganz unrecht", erwiderte Bobby.

„Ich sehe es jetzt ein. Sie sagte, ich sei eine Betrügerin, weil ich meine Eltern hohe Schulgelder zahlen lasse — und nicht lerne. Sie meinte, ich vergeude meine Zeit und meine Fähigkeiten mit dummen Streichen und albernen Scherzen. Es war einfach schrecklich!"

Die Zwillinge starrten Bobby mit gemischten Gefühlen an. Sie wußten nicht, was sie dazu sagen sollten. Bobby bat: „Bitte, geht jetzt. Ich muß über alles nachdenken, und dazu brauche ich Ruhe. Es ist sehr wichtig, daß ich mich richtig entscheide. Wißt ihr, ich spiele zwar oft den Clown und mache viele dumme Streiche, aber das ist nur eine Seite von mir. Ich bin jetzt an einem Kreuzweg angekommen und muß mir überlegen, welche Straße ich gehen will. Und diese Entscheidung kann mir niemand abnehmen. Deshalb möchte ich ein bißchen für mich sein. Das versteht ihr doch sicher."

„Natürlich, Bobby", sagte Hanni, und die Zwillinge rannten weg.

Sie zweifelten nicht, wie sich Bobby entscheiden würde.

Bobby war ein aufrichtiges, klar denkendes Mädchen, und sie hatte begriffen, daß Frau Theobalds Vorwürfe berechtigt waren. Sie hatte gute Fähigkeiten und ließ sie verkümmern, weil sie sich mit zuviel dummen, oberflächlichen Dingen beschäftigte. Und das war tatsächlich Betrug. Sie handelte verantwortungslos gegenüber ihren Eltern, gegenüber der Schule und vor allem gegenüber sich selbst. Bobby beschloß, daß das ab sofort anders werden sollte.

Ich habe mein Vergnügen gehabt, dachte sie. Jetzt will

ich mich anstrengen und fleißig lernen. Ich werde Frau Roberts und den anderen Lehrerinnen beweisen, daß ich eine gute Schülerin sein kann, wenn ich will. Ich gehe jetzt sofort zur Direktorin und teile ihr meinen Entschluß mit. Eigentlich mag ich sie im Augenblick gar nicht so besonders – sie hat mich heute morgen mit so kalten, zornigen Augen angeschaut. Trotzdem ist es besser, wenn ich die Sache rasch hinter mich bringe.«

Bobby war sehr nervös, als sie zur Schule zurückging. Aber sie war auch mutig. Sie zögerte nicht, als sie an Frau Theobalds Tür klopfte.

»Herein«, rief eine klare Stimme, und Bobby betrat den Raum. Sie ging geradewegs auf Frau Theobalds Schreibtisch zu.

»Frau Theobald«, begann sie. »Ich wollte Ihnen nur sagen, daß Sie recht haben. Ich habe gemogelt und betrogen – und es ist mir nicht zu Bewußtsein gekommen. Aber damit ist jetzt Schluß. Bitte glauben Sie mir. Ich meine es wirklich ernst. Von heute an arbeite ich – ich werde mich bemühen, mein Bestes zu geben!«

Bobby sagte dies alles, ohne auch nur einmal zu stocken. Sie schaute dabei Frau Theobald freimütig an. Ihre Stimme zitterte zwar ein wenig, aber sonst machte sie einen sehr ruhigen, bestimmten Eindruck.

Auf Frau Theobalds Gesicht erschien ihr seltenes Lächeln. Ihre Augen wurden plötzlich warm und freundlich. »Mein liebes Kind«, sagte sie, und ihre Stimme klang sehr gütig, »mein liebes Kind, ich habe gewußt, daß du dich so entscheidest – und daß du es mir bald sagen würdest. Ich bin stolz auf dich. Du bist ein sehr

118

aufrichtiger Mensch, Roberta, kannst dich klar und ehrlich beurteilen – das ist eine wertvolle Eigenschaft. Bewahre dir diese Aufrichtigkeit, sei immer ehrlich dir selbst gegenüber, erkenne deine wahren Beweggründe, auch wenn sie nicht immer gut und angenehm sein mögen und stehe zu deinen Entscheidungen – das ist sehr wichtig im Leben!"

„Ich werde es versuchen, Frau Theobald", sagte Bobby, und sie blickte glücklich in das freundliche, gütige Gesicht der Direktorin. Wie konnte sie nur einen Augenblick denken, daß Frau Theobald sie nicht leiden mochte? Wie *konnte* sie nur?

Sadie bekommt einen Brief

Etwa zur gleichen Zeit dachte auch Helene über all die Vorwürfe nach, die ihr Frau Theobald gemacht hatte. Dabei stieg wieder die Wut gegen Carlotta auf. Sie schien ihr die Ursache für alle Schwierigkeiten zu sein. Helene wollte nicht begreifen, daß nur die eigene Eifersucht und Mißgunst sie in eine so mißliche Lage gebracht hatte.

Helene fühlte, daß sie Frau Theobald wieder versöhnen mußte. Aber sie besaß nicht Bobbys Einsicht und Mut – sie wagte es nicht, noch einmal vor die Direktorin hinzutreten. Außerdem fürchtete sie, daß Frau Theobald sie durchschaute – ihre Reue war ja nicht echt –, sie wollte sich nur bußfertig zeigen, damit sie nicht zu hart bestraft wurde.

Sie schrieb also einen kurzen Brief und legte ihn auf Frau Theobalds Schreibtisch, als die Direktorin nicht in ihrem Zimmer war. Frau Theobald fand ihn dort und öffnete ihn. Sie las, was Helene geschrieben hatte, und seufzte. Sie glaubte kein Wort.

„Liebe Frau Theobald", hieß es in dem Brief. „Ich habe lange über die Dinge nachgedacht, die Sie mir gesagt haben, und ich versichere Ihnen, daß mir die ganze Angelegenheit sehr leid tut. Ich schäme mich sehr und werde mich anstrengen, ein besserer Mensch zu werden und einen guten Einfluß auf die anderen auszuüben."

Was für eine Schwindlerin, dachte Frau Theobald traurig. Wahrscheinlich glaubt sie noch selber daran, daß sie einen neuen Anfang macht. Nun – wir werden sehen.

Hanni und Nanni waren sehr froh, als sie am Abend Bobbys glückliches Gesicht sahen. Bobby lächelte ihnen zu. Sie wirkte fast so spitzbübisch wie früher.

„Mir geht es wieder gut", sagte sie. „Aber von nun an wird mein Leben anders verlaufen – ich werde meinen Verstand dazu benützen, zu lernen und zu arbeiten. Jetzt gibt es keine quiekenden Kekse mehr für mich!"

Die Zwillinge und Jenny machten lange Gesichter. „Oje", meinte Hanni enttäuscht. „Du willst doch hoffentlich nicht so fad und langweilig werden wie diese schreckliche Helene? Wirst du nie mehr einen Streich aushecken und jemandem einen Schabernack spielen?"

„Meine Güte, Bobby", sagte Jenny. „Das könnte ich nicht aushalten. Sei doch wieder die gleiche lustige Bobby, die wir alle so gerne mögen!"

Bobby lachte und hakte sich bei Jenny unter. „Mach

dir nur deswegen keine Sorgen", sagte sie. „Ich werde fleißig lernen und mich sehr im Unterricht anstrengen – aber trotzdem werde ich nicht fad und langweilig werden. Das könnte ich einfach nicht. Ich hecke schon wieder Streiche aus und überrasche euch mit allerlei erstaunlichen Dingen – aber ich werde darüber die Arbeit nicht mehr vergessen."

Bobby hielt das Versprechen, das sie Frau Theobald gegeben hatte. Sie bemühte sich sehr und zeigte so gute Leistungen, wie sie niemand von ihr erwartet hatte. Sie war selber überrascht, wie gut sie abschnitt, wenn sie mit wirklichem Eifer an eine Sache heranging. Zum ersten Mal merkte sie auch, in welchem Maß gut gelungene Arbeiten einen Menschen befriedigen und glücklich machen können.

„Natürlich werde ich es nie schaffen, mich so sklavisch an meine Arbeit zu klammern wie du", sagte Bobby zu Petra und schaute mitfühlend zu dem jungen Mädchen hinunter, das mit gebeugtem Rücken über einem Buch saß und immer wieder den gleichen Text vor sich hin murmelte. „In letzter Zeit schaust du ziemlich blaß aus, Petra", meinte Bobby, „sicher lernst du zuviel."

Es stimmte. Petra war sehr blaß – aber sie war nicht nur blaß, sie war auch unglücklich. Sie bedauerte, daß sie sich mit Helene angefreundet hatte, denn sie mochte das Mädchen schon lange nicht mehr. Leider brachte sie es nicht fertig, sich ganz von Helene abzuwenden. Deshalb vergrub sie sich in ihre Arbeit und strengte sich doppelt an. Petra lächelte Bobby schüchtern zu. Sie bewunderte das große, starke Mädchen. Bobby hatte nie irgendwel-

121

che Scheu, die Dinge beim richtigen Namen zu nennen. Sie sagte genau das, was sie dachte, und ließ sich durch nichts beeinflussen. Wenn doch Bobby ihre Freundin wäre – anstelle von Helene!

Helene war eigentlich zufrieden mit sich. Frau Theobald hatte kein Wort über ihren Brief verloren; das Mädchen war ziemlich sicher, daß er einen guten Eindruck auf die Direktorin gemacht hatte. Mamsell hatte nun doch keine Klassenarbeit schreiben lassen, und die ganze Klasse atmete erleichtert auf – besonders Helene, die sich lange überlegt hatte, wie sie sich Mamsell und den Mitschülerinnen gegenüber verhalten sollte.

Es scheint besser zu gehen, als ich gefürchtet habe, dachte sie und lächelte zufrieden. Wenn ich nur diese widerliche Carlotta einmal hereinlegen könnte! Sie tänzelt herum, als sei sie eine Prinzessin und nicht ein hergelaufenes Zirkusmädchen! Ich möchte wirklich gern wissen, ob sie noch ihre fragwürdigen Bekannten besucht? Gestern morgen habe ich sie schon ganz früh fortgehen sehen.

Es stimmte, Carlotta schlich sich fast jeden Tag von der Schule weg – aber nicht, um ihre Freunde vom Zirkus zu besuchen. Carlotta hatte vielmehr entdeckt, daß ganz in der Nähe ein paar wunderschöne Reitpferde grasten. Und diese Pferde besuchte sie regelmäßig. Wenn niemand zu sehen war, schwang sie sich auf den Rücken eines der Pferde und galoppierte übers Feld. Carlotta war ganz närrisch auf Pferde, und sie ließ keine Gelegenheit aus, ihnen nahe zu sein.

Niemand wußte, daß sich Carlotta jeden Morgen

heimlich fortschlich. Nur Helene kannte das Geheimnis – aber sie erzählte es der Klasse nicht, weil keines der Mädchen Wert darauf legte, von Helene ins Vertrauen gezogen zu werden. Helene beschloß, Carlotta genau zu beobachten. Sie wußte zwar, daß Carlotta fortging – aber sie wußte nicht, warum sie das tat.

Eines Nachmittags machten Helene und Petra zusammen einen Spaziergang. Petra hatte eigentlich keine Lust gehabt, aber sie hatte nicht gewagt, nein zu sagen. Helene hatte bemerkt, daß sich Carlotta wegschlich – aber sie hatte ihre Spur verloren. Die beiden Mädchen setzten sich schließlich auf eine Wiese und ruhten sich aus. Wo konnte Carlotta nur geblieben sein? überlegte Helene. Ein Mann kam auf einem Fahrrad vorbeigefahren; er sah nicht sehr vertrauenerweckend aus. Als er die Mädchen bemerkte, sprang er vom Rad und sprach sie an. Seine Sprache hatte einen leichten amerikanischen Akzent.

Helene glaubte, daß der Mann Carlotta besuchen wollte.

„Hört mal, ihr beiden", sagte er und nahm höflich seine Mütze ab. „Bin ich hier in der Nähe des Internats Lindenhof?"

„Lindenhof liegt etwa zwei Kilometer von hier weg", erwiderte Helene. „Warum fragen Sie? Wollen Sie jemand besuchen?"

„Ja, das möchte ich", sagte der Mann. „Wißt ihr, es ist sehr wichtig. Könnt ihr für mich einen Brief dort abgeben?"

Helenes Herz schlug schneller. Jetzt könnte sie

Carlotta endlich einmal in Schwierigkeiten bringen. Was würde wohl Frau Theobald sagen, wenn sie erführe, daß sich Carlotta mit so einem unsympathischen Menschen traf?

„Natürlich kann ich für Sie einen Brief mitnehmen", sagte sie eilig.

Der Mann nahm einen Umschlag aus seiner Rocktasche und reichte ihn Helene. „Aber sprich bitte mit niemandem darüber", sagte er und schaute Helene eindringlich an. „Es ist eine sehr wichtige Sache. Ich werde pünktlich um dreiundzwanzig Uhr hier sein."

„In Ordnung", erwiderte Helene. „Sie können sich auf mich verlassen."

„Du bist ein großartiger Kerl", sagte der Mann. „Du wirst auch ein schönes Geschenk von mir erhalten!"

In diesem Augenblick kam jemand den Weg entlang. Der Mann schwang sich auf sein Fahrrad und fuhr eilig davon. Petra zitterte vor Aufregung.

„Helene! Der Mann hat mir gar nicht gefallen. Ich finde, du hättest nicht mit ihm sprechen sollen. Du weißt, daß es verboten ist, mit Fremden zu reden. Du willst doch Carlotta nicht in Ungelegenheiten bringen?"

„Sei jetzt ruhig", sagte Helene ungeduldig. Sie schob den Brief in ihre Manteltasche, ohne einen Blick darauf zu werfen. „Tue ich denn nicht etwas für Carlotta, du Dummkopf? Bring ich ihr nicht eine Nachricht von einem Bekannten? Ich frage mich nur, mit was für unmöglichen Typen sie verkehrt!"

Petra machte sich Sorgen. Ihr Kopf schmerzte, und sie fühlte sich sehr elend. Wenn sie sich doch nur niemals

124

mit Helene eingelassen hätte! Petra dachte wieder an die Schularbeiten, die sie noch zu machen hatte – wenn sie hart arbeitete, vergaß sie am leichtesten ihre Schwierigkeiten. In der letzten Nacht hatte sie nicht gut geschlafen, deshalb war ihr das Lernen heute besonders schwer gefallen. Jetzt machte sie sich Gedanken, ob sie bis morgen früh alles schaffen konnte.

„Hör mal zu, Petra", sagte Helene. „Wir beide stehen heute nacht um halb elf auf und kommen hierher. Wir verstecken uns hinter der Hecke und hören uns genau an, was Carlotta mit ihrem Zirkusfreund zu besprechen hat. Wenn sie noch mehr Dummheiten plant, können wir sie Frau Theobald melden."

Petra starrte Helene verzweifelt an. „Das kann ich nicht tun", sagte sie. „Das kann ich wirklich nicht!"

„Dann wirst du dich halt dazu zwingen", befahl Helene und betrachtete Petra mit ihren kalten, grauen Augen. Petra fühlte sich zu müde und schwach, um mit Helene zu streiten. Ergeben nickte sie mit dem Kopf. Schweigend gingen beide zurück.

Kurz vor der Schule begegneten sie Hilda. Sie rief Helene sofort zu sich. „Komm einmal her", sagte sie und deutete auf das Gartenbeet, das die Klasse gemeinsam zu betreuen hatte. „Du bist diese Woche an der Reihe, das Unkraut zu jäten. Bis jetzt hast du noch keinen Finger gerührt. Du denkst wohl, du könntest dich vor allen Pflichten drücken? Du fängst jetzt sofort an zu arbeiten, oder es wird dir noch leid tun!"

„Ich muß nur noch schnell etwas besorgen", murmelte Helene. „In einer Minute bin ich zurück."

„Laß das nur jemand anders für dich machen!" Hildas Stimme klang verärgert. „Ich kenne deine kleinen Tricks, Helene – du mußt immer noch gerade dies und das tun, und dann ist es Zeit fürs Abendessen – und du bist wieder einmal fein heraus!"

„Ich gebe den Brief für dich ab", sagte Petra mit matter Stimme. Sie konnte dieses Gespräch nicht einen Augenblick länger ertragen. Mit düsterem Gesicht reichte ihr Helene den Brief. Petra ging weg, um Carlotta zu suchen. Sie fand sie mit den anderen im Gemeinschaftsraum. Petra lief auf sie zu und hielt ihr den Brief hin.

„Für dich!" sagte sie. Carlotta packte den Umschlag und riß ihn auf, ohne auf die Anschrift zu achten. Neugierig begann sie zu lesen. Aber schon sehr bald sah sie erstaunt auf und nahm den Umschlag zur Hand.

„Das ist ja gar nicht für mich", sagte sie, als sie die Adresse gelesen hatte, und schaute sich nach Petra um. Doch das Mädchen war schon gegangen. „Der Brief ist an Sadie. Anscheinend hat Petra nicht auf die Anschrift geachtet. Wie seltsam! Elli, wo ist eigentlich Sadie?"

„Sie macht sich eine neue Frisur", sagte Elli. Jemand lachte. Wenn Sadie gesucht wurde, war sie immer mit ihrem Haar, ihren Fingernägeln oder ihrem Gesicht beschäftigt. Carlotta grinste und verließ den Raum, um Sadie zu suchen.

„Hallo, Sadie", sagte sie, als sie das Mädchen im Waschraum entdeckte. „Hier ist ein Brief für dich. Es tut mir leid, aber ich habe ihn aus Versehen geöffnet. Petra, dieser Dummkopf, hat ihn mir gebracht und gesagt, er sei für mich. Keine Angst, ich habe ihn nicht gelesen."

126

„Von wem ist er denn? Wie hat ihn Petra eigentlich bekommen?" fragte Sadie neugierig und nahm den Brief.

„Weiß ich nicht", sagte Carlotta und ging. Sadie öffnete den Umschlag und nahm den weißen Bogen heraus. Sie las den Brief und runzelte die Stirn. Sie dachte angestrengt nach und überflog noch einmal den Text. Er lautete:

Liebe Sadie,
erinnerst du dich an dein altes Kindermädchen Hanna? Nun, ich bin zur Zeit hier in Deutschland und würde dich gern einmal wiedersehen. In deiner Schule will ich dich nicht besuchen. Kannst du vielleicht zu der kleinen Wiese kommen, die in der Nähe des alten Bauernhauses liegt? Ich bin heute nacht um 11 Uhr dort.
Hanna

Sadie hatte Hanna sehr gern gemocht. Hanna war mehrere Jahre ihr Kindermädchen gewesen. Sadie wunderte sich sehr, daß Hanna in Deutschland war – sie hatte immer angenommen, sie lebe in Amerika. Warum wollte sie mit ihr sprechen? War irgend etwas passiert? Und sollte sie es Elli erzählen? Schließlich entschloß sie sich, nichts zu sagen. Elli war zwar ein liebes Mädchen, aber sie war ein wenig dumm – und konnte leicht alles in die Welt hinausposaunen.

Sadie steckte den Brief in die Tasche und ging wieder zu den anderen. „Hallo", sagte Elli. „Ich habe mich schon gewundert, wo du steckst. Es ist Zeit fürs Abendessen."

Während des Essens war Sadie ziemlich schweigsam. Sie war beunruhigt. Eigentlich wollte sie Petra fragen, woher sie den Brief hatte – aber Petra war nicht in den Speisesaal gekommen.

„Sie hat schreckliches Kopfweh", sagte Jenny, „und Frau Roberts hat sie zur Hausmutter geschickt. Ich glaube, sie hat Fieber."

Helene war nicht traurig darüber, daß sie heute nacht ohne Petra zu diesem seltsamen Treffen gehen würde. Allmählich wurde ihr die andere lästig. Sie schaute zu Carlotta hin. Was für eine Wirkung mochte der Brief auf sie gehabt haben? Als Carlotta den Blick bemerkte, schnitt sie eine ihrer komischen Grimassen. Helene rümpfte verächtlich die Nase und wandte sich ab. Carlotta grinste ...

Eine aufregende Nacht

An diesem Abend lag Sadie bis Viertel vor elf wach im Bett. Es war fast mondhell, als sie aufstand und sich anzog. Die anderen schliefen tief und fest. Niemand bemerkte, daß sie fortging. Sadie schloß leise die Tür hinter sich und rannte die Treppe hinunter. In wenigen Augenblicken war sie im Garten, und kurze Zeit später lief sie schon den Feldweg entlang. Ein kleiner schwarzer Schatten folgte ihr in einiger Entfernung – Helene! Natürlich dachte Helene, daß sie Carlotta nachging. Sie hatte nicht die leiseste Ahnung, daß es Sadie war. Helene war schon um Viertel nach zehn aufgestanden und aus dem Schlafsaal geschlüpft. Sie hatte Angst, daß sie Carlotta versäumen könnte, wenn sie zu lange in ihrem Bett blieb. Helene stellte sich dicht bei Carlottas Schlafsaal in eine dunkle Nische und beobachtete die Tür. Nicht eine Minute zweifelte sie daran, daß der Brief für Carlotta bestimmt war – sie hatte sich ja nicht mal die Mühe gemacht, die Anschrift zu lesen.

Inzwischen erwachte Elli kurz nach elf Uhr plötzlich mit einem rauhen Hals. Sie schluckte ein paarmal und hüstelte leise vor sich hin. Die Kehle tat ihr schrecklich weh. Sie wußte, daß Sadie Hustenbonbons gekauft hatte, und beschloß, sie zu wecken. Leise stand sie auf und ging zu ihrer Freundin hinüber. Sie streckte die Hand aus, um Sadie zu schütteln – aber Sadie war nicht da. Zu ihrer größten Überraschung fand sie ein leeres Bett vor. Verwundert schaute sie sich um und bemerkte, daß auch Sadies Kleider fehlten – Sadie mußte sich also angezogen und den Schlafsaal verlassen haben. Elli war gekränkt. Warum hatte ihr Sadie nicht gesagt, daß sie weggehen wollte? Was in aller Welt konnte sie vorhaben? Ein Mitternachtsfest wurde doch wohl kaum veranstaltet, denn alle anderen Mädchen lagen ja in ihren Betten und schliefen fest. Vielleicht hatte der andere Schlafsaal eine Feier und Sadie war dazu eingeladen?

Sie hätte es mir zumindest sagen können, selbst wenn man mich nicht dabeihaben wollte, dachte Elli beleidigt. Ich gehe schnell hinüber zu den Zwillingen und schaue nach, ob dort etwas los ist.

Leise schlich sich Elli zu dem angrenzenden Schlaf-

129

9 3643-10

saal. Aber auch dort schienen sie alle zu schlafen, alle Betten waren belegt – nein, eins war leer. Das war doch seltsam! Elli blieb stehen und dachte nach. Plötzlich hörte sie flüstern. Hanni war aufgewacht und hatte eine fremde Gestalt im Zimmer bemerkt. „Wer ist da? Was willst du denn hier?"

„Oh, Hanni – du bist wach!" sagte Elli mit leiser Stimme und ging zu Hannis Bett. „Sadie ist weg. Sie hat sich angezogen und ist fortgegangen. Ihr Bett ist leer. Ich kann es gar nicht begreifen, Hanni, und ich mache mir Sorgen. Sadie war heute abend so ganz anders als sonst – sie war schweigsam und bedrückt. Das ist mir aufgefallen."

Hanni setzte sich im Bett auf. Sie wunderte sich sehr. Sadie war eigentlich kein Mensch, der etwas Ungewöhnliches tat.

„Wo kann sie nur hingegangen sein?" fragte sie.

„Bei euch ist auch ein Bett leer", sagte Elli. „Wessen Bett ist es denn?"

„Bei uns?" fragte Hanni erstaunt und schaute sich um. „Das ist Helenes Bett. Du wirst mir doch nicht sagen wollen, daß die beiden gemeinsame Sache gemacht haben? Ich dachte immer, daß Sadie unsere liebe Helene verabscheut?"

„Das tut sie auch", sagte Elli und war noch verwirrter als zuvor.

Ein Laut ließ die beiden Mädchen auffahren. Sie drehten sich um und sahen, daß Carlotta aufgewacht war. Mit leiser, verhaltener Stimme rief sie zu den beiden Mädchen hinüber.

„Was macht denn ihr zwei? Ihr weckt noch alle auf. Ist etwas Besonderes los?"

„Carlotta – es ist so seltsam –, Sadie und Helene sind aufgestanden und haben sich fortgeschlichen", sagte Hanni. „Ihre Betten sind leer, und ihre Kleider sind weg."

Carlotta setzte sich sofort auf. Sie erinnerte sich an den Brief, den sie Sadie gegeben hatte.

„Vielleicht hat es etwas mit dem Brief zu tun, den Petra Sadie bringen sollte und den sie aus Versehen mir gegeben hat?" meinte sie.

„Was für einen Brief?" fragte Elli. Carlotta erzählte, was geschehen war, und Hanni und Elli lauschten überrascht.

„Ich finde die ganze Sache recht seltsam", sagte Carlotta, „sehr seltsam sogar!"

„Ich auch", meinte Elli, die ein unbehagliches Gefühl hatte. „Ich kann Sadie so gut leiden. Es kann doch wohl nicht sein – ihr denkt doch nicht, daß sie vielleicht entführt worden ist? Sie hat mir erzählt, daß sie drüben in Amerika beinahe in die Hände von Verbrechern gefallen wäre, die ihre Mutter erpressen wollten. Sie ist mächtig reich, müßt ihr wissen. Deshalb hat ihre Mutter sie auch zu uns herübergeschickt. Sie fürchtete nämlich, daß Sadie noch immer in Gefahr sei. Sadie hat mir das alles erzählt."

Carlotta fand eine solche Geschichte glaubhafter als die nüchterne Hanni. Sie sprang sofort aus dem Bett.

„Zuerst sollten wir Petra fragen, woher sie den Brief hat", schlug Carlotta vor.

„Sie ist erkältet", sagte Hanni. „Sie liegt drüben im Krankenzimmer."

131

„Dann gehen wir dorthin", flüsterte Carlotta. „Weck Nanni auf! Beeil dich, Hanni!"

Kurze Zeit später rannten die Zwillinge, Elli und Carlotta zu dem kleinen Gebäude, das etwas von der Schule entfernt lag. Dort waren die Zimmer, in denen die Kranken untergebracht wurden, damit sie ihre Mitschülerinnen nicht ansteckten. Die Haustür war verschlossen, aber im Erdgeschoß stand ein Flurfenster offen. Carlotta stemmte sich hoch und stieg ein. Sie konnte klettern wie eine Katze.

Leise schlich sie durch den Flur und stieg die Treppe hinauf. Ein schwacher Lichtschein leuchtete durch die Ritzen einer Tür, und Carlotta trat vorsichtig ein. Petra lag hellwach in dem kleinen Zimmer und kühlte ihre Stirn mit einem nassen Tuch. Sie war sehr überrascht und erschrak, als Carlotta plötzlich vor ihrem Bett stand.

„Pssst", flüsterte Carlotta, „ich möchte dich nur schnell etwas fragen! Petra, woher hattest du eigentlich diesen Brief, den du mir heute gabst?"

„Helene und ich haben einen komisch aussehenden Mann getroffen, drunten auf der kleinen Wiese in der Nähe des alten Bauernhauses", berichtete Petra. „Er hat gesagt, wir sollten für ihn einen Brief mitnehmen. Helene hat den Brief eingesteckt, um ihn dir zu bringen. Aber sie hatte keine Zeit, dich zu suchen – und deshalb habe ich ihn dir gegeben. Du solltest um 11 Uhr auf der kleinen Wiese sein, um den Mann zu treffen – oder vielleicht auch jemand anders, so genau weiß ich es nicht. Warum fragst du? Ist etwas passiert?"

„Der Brief war nicht an mich gerichtet", erwiderte

Carlotta, „er war für Sadie! Sagte der Mann wirklich, er sei für mich?"

„Nein, nicht direkt! Eigentlich wurden gar keine Namen erwähnt."

Petra versuchte angestrengt, sich an das Gespräch zu erinnern. „Aber Helene war der festen Meinung, daß der Mann dich meinte."

„Jetzt verstehe ich alles", sagte Carlotta grimmig. „Und ich weiß auch, wo Helene ist! Als sie den Mann sah, hat sie sofort gedacht, er sei einer meiner ordinären Zirkus- freunde, wie sie sie nennt – und sie hat sich vorgenom- men, mir nachzugehen und alles auszuspionieren. Ich kenne Helene! Aber wie es nun einmal ist, der Brief war gar nicht für mich – und ich habe das Gefühl, daß Sadie in Gefahr ist. Sicher ist sie zu der kleinen Wiese hinun- tergegangen – und ich wette meinen Kopf, daß Helene ihr folgt und sie nicht aus den Augen läßt."

„Ja, sie wollte dir doch nachspionieren", sagte Petra und fühlte sich plötzlich sehr elend. Tränen rannen ihr die Wangen herunter. „O Carlotta", schluchzte sie, „alle glauben, ich sei Helenes Freundin – aber ich kann sie gar nicht leiden. Dieser Zustand macht mich ganz krank. Weißt du, ich habe richtig Angst vor Helene."

„Mach dir jetzt keine Sorgen", sagte Carlotta tröstend und tätschelte Petras heiße Hand. „Wir werden uns Fräulein Sauertopf schon noch vorknöpfen. Wenn sie sich nicht vorsieht, kommt sie in ernste Schwierigkeiten. Das verdient sie!"

Carlotta verließ rasch das Zimmer und kehrte zu ihren Freundinnen zurück, die ungeduldig auf sie warteten. Sie berichtete kurz, was sie von Petra erfahren hatte.

„Wäre es nicht am gescheitesten, wir wecken Frau Theobald auf?" fragte Hanni bestürzt.

„Nein – wir schauen erst mal nach, was eigentlich los ist. Vielleicht passiert gar nicht viel", meinte Carlotta. „Jetzt gehen wir zu der kleinen Wiese und sehen uns dort um!"

Die vier Mädchen holten ihre Fahrräder und fuhren den Feldweg entlang, der zu dem alten Bauernhaus führte. Die Sommernacht war mondhell, und sie kamen schnell voran. Auf halbem Weg begegneten sie einem weinenden Mädchen. Es war Helene!

„Helene! Was ist los! Ist irgend etwas passiert?" schrie Hanni erschreckt.

„Hanni! Du bist es! O Hanni! Etwas ganz Furchtbares ist passiert", schluchzte Helene. „Sadie ist entführt worden! Du kannst es mir wirklich glauben. Ich habe gedacht, ich ginge hinter Carlotta her – aber es war Sadie –, und als sie in der Nähe des alten Bauernhauses war, sprangen zwei Männer aus einem Gebüsch und packten sie. Sie schleppten Sadie zu einem Auto und warfen sie hinein. Ich habe alles genau gesehen!"

„Haben die Männer miteinander gesprochen? Hast du gehört, was sie sagten?" fragte Carlotta.

„Ja – sie erwähnten einen Ort Pfalzburg", heulte Helene. „Wißt ihr, wo das ist?"

„Pfalzburg!" sagte Carlotta erstaunt. „Ich weiß, wo Pfalzburg liegt. Dort gastiert jetzt der Zirkus. Bist du ganz sicher, Helene, daß die Männer Sadie dorthin bringen wollten?"

134

Helene war ihrer Sache ganz sicher. Carlotta schwang sich auf ihr Fahrrad. „Ich radle rasch zum nächsten Telefonhäuschen. Geld habe ich dabei. Die Entführer werden eine Überraschung erleben, wenn sie nach Pfalzburg kommen."

Carlotta fuhr zu dem nahe gelegenen Telefonhäuschen, sprang von ihrem Fahrrad, ging hinein und wählte eine Nummer. Die anderen, die ihr nachgefahren waren und draußen warteten, hörten, wie sie irgend jemand die ganze Sache erzählte und um Hilfe bat.

Fünf Minuten später kehrte sie zu den anderen zurück. „Ich habe mit dem Zirkus telefoniert", sagte sie. „Man will die Straße beobachten. Wenn der Wagen mit Sadie kommt, wird er angehalten und umstellt. Wißt ihr, es ist gar nicht so schwer, das Auto zu erkennen, denn die Straße nach Pfalzburg wird im allgemeinen kaum befahren."

„Das war eine tolle Idee, Carlotta", sagte Hanni. „Aber wäre es nicht besser gewesen, die Polizei zu alarmieren?"

„Daran habe ich überhaupt nicht gedacht", sagte Carlotta ehrlich. „Weißt du, beim Zirkus ruft man die Polizei nicht wegen jeder Kleinigkeit – die meisten Vorfälle werden dort ohne fremde Hilfe geregelt. Aber jetzt werde ich losziehen und mir den Spaß aus der Nähe ansehen. Ich kenne den Weg nach Pfalzburg – aber ich nehme nicht das Fahrrad!"

„Wie willst du denn sonst hinkommen?" fragte Hanni.

„Zu Pferd", sagte Carlotta. „Ich schnappe mir eines der Pferde, auf denen ich immer reite, wenn ich frühmorgens weggehe. Sie stehen hier ganz in der Nähe. Sie kennen mich gut und gehorchen mir aufs Wort. Doch ich muß gehen, sonst ist der ganze Spaß vorbei."

Sie verschwand eilig. Die Zwillinge, Elli und Helene starrten Carlotta nach. Carlotta war wirklich eine erstaunliche Person. Sie ging immer geradewegs auf ihr Ziel los – und nichts konnte sie dabei behindern. Kurz darauf hörten sie Hufe klappern – und das war das letzte, was sie in dieser Nacht von Carlotta vernahmen.

Rettung in letzter Minute

Carlotta kannte die nähere Umgebung der Schule recht gut. Auf ihrem Pferd ritt sie quer über Felder und Hügel, wobei es ihr zugute kam, daß sie einen ausgeprägten Ortssinn besaß. Die ganze Zeit dachte sie über die Sache nach. Als ihr dabei Helene in den Sinn kam, lächelte sie grimmig.

„Hoffentlich komme ich rechtzeitig nach Pfalzburg!" sagte sie laut vor sich hin, während sie durch die Nacht galoppierte.

Natürlich kam sie nicht rechtzeitig an; ein Auto fährt nun einmal schneller. Außerdem hatten die Entführer einen großen Vorsprung. Bevor Carlotta in der kleinen Stadt anlangte, sah sie schon die großen Lampen auf dem Zirkusgelände brennen. Eilig ritt sie darauf zu. Das Pferd setzte im Sprung über den hölzernen Lattenzaun und Carlotta sprengte auf die Wohnwagen zu.

Eine Stimme rief sie an.

„Wer ist da?"

„Oh, Hannes – ich bin es, Carlotta", schrie das Mädchen. „Habt ihr sie?"

„Alles in Ordnung", sagte der Mann und trat auf das Pferd zu. „Wir haben das Mädchen! Sehr hübsch, nicht wahr?"

„Ja, das ist sie." Carlotta lachte. „Und wie ich Sadie kenne, hat sie sich sofort einen Kamm ausgeliehen, und nun bringt sie ihre Haare in Ordnung oder pudert ihre Nase oder poliert ihre Fingernägel! Erzähl mir, wie alles verlaufen ist!"

„Nun, nach deinem Anruf schleppten wir einen Wohnwagen auf die Straße und stellten ihn quer. Die Fahrbahn ist hier sehr schmal, so konnte kein Auto passieren. Es war niemand zu sehen, und es war überhaupt kein Verkehr. Plötzlich entdeckten wir Lichter eines Autos, das in schneller Fahrt auf uns zukam. Das konnten nur die Verbrecher sein."

„Wäre ich nur schon hiergewesen!" seufzte Carlotta. „Erzähl weiter! Was geschah dann?"

„Nun, das Auto mußte natürlich anhalten", fuhr Hannes fort. „Wir taten, als hätten wir einen Unfall gehabt, und versprachen, das Hindernis beiseite zu räumen. Wir könnten es bloß allein nicht schaffen, der Wohnwagen wäre zu schwer. Die beiden Männer stiegen aus dem Auto, um uns zu helfen. Während der Wohnwagen weggerückt wurde, schlich ich schnell zu dem Auto und schaute hinein. Deine kleine Freundin lag auf dem Rücksitz. Sie war zusammengeschnürt wie ein Paket und hatte ein Taschentuch um den Mund gebunden. In weniger als einer Sekunde hatte ich sie herausgehoben und hinter der Hecke versteckt."

„Schnelle Arbeit!" lobte Carlotta, die atemlos zugehört hatte.

„Sehr schnelle Arbeit", bestätigte der Mann. „Dann bin ich zu den anderen hinübergegangen, habe ihnen einen Wink gegeben und in kürzester Frist hatten wir den Wohnwagen zur Seite geschoben und die Straße frei gemacht. Die beiden Männer rannten zu ihrem Auto zurück, sprangen hinein und fuhren los. Es kam ihnen nicht einen Moment in den Sinn, nachzuschauen, ob das Mädchen noch dalag."

Carlotta lachte. Sie fand es sehr lustig, daß es so leicht war, die beiden Entführer hereinzulegen – und daß sie nun ohne Sadie im Wagen durch die Nacht fuhren.

„Die werden vielleicht einen Schrecken bekommen, wenn sie plötzlich nach hinten schauen und merken, daß Sadie verschwunden ist!" sagte sie. „Das hast du sehr gut gemacht, Hannes! Jetzt brauchen wir auch nicht die Polizei zu rufen; damit erregen wir nur unnötiges Aufsehen. Ich kann einfach mit Sadie zur Schule zurückkehren. Dann wird niemand in Lindenhof erfahren, daß etwas Außergewöhnliches passiert ist. Ich glaube nicht, daß sich Frau Theobald sehr freuen würde, wenn die Zeitungen in großer Aufmachung über die Entführung berichten. Das könnte dem guten Ruf der Schule nur schaden."

„Komm jetzt und sieh dir deine Freundin an", sagte Hannes. Carlotta folgte dem Mann zu einem Wohnwagen. Neben sich her führte sie das Pferd, das ihr willig folgte. Als sie vor dem Wohnwagen ankamen, kümmerte sich Hannes um das Pferd, und Carlotta stieg eilig die Stufen hinauf. In dem winzigen, aber sehr gemütlichen Raum saß Sadie und kämmte ihre zerzausten Haare. Eine jüngere Frau stand neben ihr und betrachtete sie ohne sonderliche Aufregung.

Es schien, als sei es gar nichts Besonderes, mitten in der Nacht ein Mädchen aus den Händen von Entführern zu befreien.

Noch nicht einmal Sadie war aufgeregt – aber sie ließ sich ja durch nichts aus der Ruhe bringen!

„Hallo, Sadie", sagte Carlotta. „Wie ich sehe, kämmst du dir gerade die Haare – also alles in Ordnung?"

„Carlotta", rief Sadie überrascht. „Wie kommst denn du hierher? Mein Gott, war ich blöd! Stell dir vor, ich bin schon wieder entführt worden. Der Brief, den du gestern aus Versehen geöffnet hast, schien von meinem alten Kindermädchen zu kommen – und ich habe mich nachts fortgeschlichen, um sie zu sehen. Und dann haben mich zwei Männer gepackt und in ein Auto geworfen. Und dann hat mich jemand herausgehoben und mir die Fesseln gelöst. Und dann haben sie mich hierhergebracht. So ganz begreife ich ja den Zusammenhang noch nicht. Außerdem sind meine Haare schrecklich unordentlich geworden – als erstes muß ich mich unbedingt kämmen."

Carlotta grinste. „Wenn du mal aus dem Flugzeug fallen solltest, so ist sicher deine erste Sorge, daß der Wind dir bloß die Haare nicht durcheinanderbringt!"

Dann erzählte sie Sadie, was sich inzwischen alles

ereignet und wie Helene ihr nachspioniert hatte, weil sie Sadie für Carlotta hielt.

„Du liebe Zeit", rief Sadie. „Was für eine aufregende Nacht! Ich glaube, wir kehren jetzt besser nach Lindenhof zurück. Meinst du nicht auch?"

„Ja, das sollten wir tun", sagte Carlotta. „Weißt du, Sadie, ich bin überzeugt, daß Frau Theobald überhaupt nicht darüber entzückt wäre, wenn die ganze Welt von deiner Entführung erführe – und ich weiß auch, daß die Leute vom Zirkus nicht gern die Polizei auf ihrem Gelände haben. Das mögen sie einfach nicht. Deshalb finde ich es besser, wenn wir unbemerkt zurückkehren und die ganze Sache für uns behalten. Ich habe ein Pferd draußen – es gehört einem Bauern in der Nähe der Schule. Ich habe es mir genommen, um schnell herzukommen. Glaubst du, du könntest hinter mir aufsitzen und mit mir zurückreiten?"

„Das kann ich sicher nicht."

„Nun – dann mußt du es halt versuchen", sagte Carlotta ungeduldig. „Du kannst deine Arme um mich schlingen und dich an mir festhalten. Komm jetzt."

Die beiden Mädchen verabschiedeten sich und verließen den Wohnwagen. Draußen stand Hannes mit dem Pferd. Carlotta sprang hinauf und wandte sich dann an den Mann.

„Vielen Dank für alles", sagte sie. „Das werde ich dir nie vergessen. Du schweigst doch über die ganze Sache, nicht wahr?"

„Das ist doch selbstverständlich", erwiderte der Mann. „Darauf kannst du dich fest verlassen. Besuche uns mal wieder, Carlotta. Ich finde ja immer, daß du in dieser Schule deine Zeit vergeudest – du solltest wieder im Zirkus leben und mit Pferden umgehen. Das wäre genau das Richtige für dich."

„Nun ja", sagte Carlotta. „Manchmal gehen die Dinge anders, als man möchte. Sadie, was machst du eigentlich? Du kannst doch hoffentlich auf das Pferd klettern?"

„Unmöglich", schimpfte Sadie. „Das Pferd ist viel zu groß!"

Hannes hob sie hoch und mit einem Schwung saß das überraschte Mädchen hinter Carlotta. Sie klammerte sich mit aller Kraft an ihr fest. Das Pferd begann zu galoppieren. Carlotta ließ es über das hölzerne Gatter springen. Leichtfüßig erhob es sich und kam sanft auf der anderen Seite wieder herunter. Sadie stieß einen Schrei aus. Sie hatte schreckliche Angst bekommen und wäre beinahe heruntergefallen.

„Laß mich runter", schrie sie, „laß mich sofort runter, Carlotta!"

Aber Carlotta ließ sich nicht beirren. Sie galoppierte durch die sternklare Nacht, während die arme Sadie auf und ab und ab und auf rumpelte.

„Oh – au", jammerte die arme Sadie. „Sag sofort dem Pferd, es soll aufhören, mich so zu stoßen! Carlotta, hörst du mich?"

„*Du* stößt das Pferd", erwiderte Carlotta lachend. „Halt dich nur schön fest – wir müssen noch ein gutes Stück reiten!"

Aber Sadie konnte es nicht mehr aushalten. Als sie etwa die Hälfte des Weges zurückgelegt hatten, lockerte sie einfach ihren Griff und ließ sich vom Pferd fallen. Mit einem heftigen Ruck fiel sie zu Boden. Sie stieß einen Schrei aus, und Carlotta hielt sofort an.

„Sadie! Bist du verletzt? Warum in aller Welt hast du das nur getan?"

„Ich muß lauter blaue Flecken haben", jammerte Sadie. „Ich kann einfach nicht mehr sitzen. Auf diesem Pferd reite ich nicht einen Schritt mehr. Lieber laufe ich zurück."

„Ach, bist du eine empfindliche Puppe", sagte Carlotta und sprang vom Pferd. Sie setzte sich neben Sadie auf den Boden und schaute nach, ob sie sich verletzt hatte. Aber Sadie hatte sich nichts weiter getan. „Wir werden Jahre brauchen, wenn wir zu Fuß gehen. Vor dem Morgen kommen wir nicht an!"

„Was wohl die anderen jetzt denken?" fragte Sadie, während sie neben Carlotta herhinkte. „Die machen sich sicher schreckliche Sorgen um uns!"

Die Mädchen machten sich wirklich große Sorgen. Die Zwillinge, Elli und Helene waren nach Lindenhof zurückgekehrt und hatten ihre Mitschülerinnen aufgeweckt. Dann hatten sich alle zusammengesetzt und die Ereignisse der Nacht immer wieder besprochen. Sie fragten sich, ob sie Frau Theobald informieren sollten oder nicht. Hilda hatte zuletzt entschieden: „Die Direktorin muß es wissen!" Carlotta und Sadie waren schon mehrere Stunden weg – wer konnte sagen, ob ihnen nicht etwas Furchtbares zugestoßen war?

„Es dämmert schon!" sagte Hanni und schaute zum Fenster, durch das ein blasses silbriges Licht hereinfloß.

142

„In einer halben Stunde geht die Sonne auf. Wir müssen jetzt wirklich Frau Theobald benachrichtigen. Wir dürfen einfach nicht länger warten."

Die Zwillinge sollten Frau Theobald aufwecken und ihr alles erzählen. Die Direktorin lauschte entsetzt der seltsamen Geschichte. Sie hatte gerade die Hand zum Telefon ausgestreckt, um die Polizei zu benachrichtigen, als Hanni laut aufschrie.

„Schauen Sie, schauen Sie, Frau Theobald! Da kommt Carlotta – und Sadie ist bei ihr! Sie hat es geschafft. Tapfere Carlotta!"

Und dann sah auch die Direktorin die beiden Mädchen. Carlotta schritt energisch voraus, und Sadie folgte ihr hinkend. Sie hatten das Pferd zurückgebracht und waren dann auf den kleinen Feldweg eingebogen. Gerade bei Sonnenaufgang erreichten sie die Schule. Nach der langen Wanderung fühlten sie sich müde und zerschlagen.

Sie wußten kaum, wie ihnen geschah: Plötzlich standen sie in Frau Theobalds Zimmer, bekamen heiße Schokolade und ein großes Stück Kuchen. Dazwischen mußten sie kurz berichten, wie es ihnen ergangen war.

Dann nahm die Direktorin die beiden Mädchen an der Hand, brachte sie hinüber zur Krankenstation, weckte die Hausmutter und bat sie, die Mädchen für ein paar Stunden in ein ruhiges Zimmer zu legen, damit sie den Schlaf nachholen konnten.

„Aber Frau Theobald", wandte Carlotta ein, die jetzt gar keine Lust zum Schlafen hatte, „Frau Theobald ..."

Doch niemand beachtete ihren Einwand. Kurze Zeit

später lagen die beiden Mädchen in weichen, warmen Betten und schliefen fest.

„Wenn ich sie in ihren Schlafsaal hätte gehen lassen, dann wären sie nie zur Ruhe gekommen. Sie hätten nur geschwatzt bis zum Wecken!" meinte Frau Theobald. Dann wandte sie sich an die Zwillinge:

„Und ihr geht jetzt auch ins Bett. Eine Weile könnt ihr noch schlafen. Später werden wir über alles reden. Die ganze Sache kommt mir wie ein Traum vor."

Aber es war kein Traum! Nach dem Aufstehen wurde alles durchgesprochen.

Frau Theobald entschied, daß die Polizei doch benachrichtigt werden sollte; nur mußte das ganze Abenteuer so geheim wie möglich gehalten werden.

Carlotta hatte das Vergnügen, ihre Geschichte den staunenden Polizeibeamten zu erzählen.

Helene wurde auch befragt – nur wurde sie natürlich von niemandem bewundert. Als sie vernommen werden sollte, bekam sie schreckliche Angst. Bis jetzt hatte sie sich immer mit allerlei Lügen und Schwindeleien durchgeschlagen – aber jetzt mußte sie einmal die Wahrheit sagen –, und die Wahrheit war sehr unangenehm!

„Ich will nach Hause", schluchzte sie. „Frau Theobald, ich bin krank. Lassen Sie mich doch heimfahren!"

„Nein", sagte die Direktorin mit strenger Stimme. „Du willst immer vor allen Schwierigkeiten davonlaufen, Helene! Du bist durch deine dauernde Schnüffelei in diese Sache hineingeraten – und deshalb wirst du hierbleiben. Du kannst die Schule nur verlassen, wenn du deinen Eltern erzählst, was du alles angestellt hast und wenn du sie bittest, dich von der Schule zu nehmen. Hoffentlich wird es dir eine Lehre sein. Natürlich kannst du nach den Ferien nicht mehr nach Lindenhof zurückkehren. Die Mädchen werden dich nur verachten und links liegenlassen. Aber die nächsten zwei Wochen bleibst du noch hier. Du brauchst eine solche Strafe, damit du lernst, was du lernen mußt, um ein anständiger Mensch zu werden."

Auch Sadies Mutter wurde über die versuchte Entführung unterrichtet. In großer Aufregung kam sie nach Lindenhof. Sie wollte Sadie sofort von der Schule nehmen, aber Frau Theobald überredete sie, das Mädchen noch die zwei Wochen bis zum Ende des Schuljahres in der Klasse zu lassen.

„Sie können versichert sein, daß solch ein Zwischenfall nicht mehr vorkommt", sagte sie. „Wenn Sie wollen, kann Sadie natürlich auch gleich gehen – aber das würde ich Ihnen wirklich nicht raten. Lassen Sie sie noch bis zu den Ferien hier! Vielleicht nehmen Sie dann Sadie mit zurück nach Amerika. Darf ich aufrichtig zu Ihnen sein, Frau Greene? Sadie ist zu erwachsen für Lindenhof und die zweite Klasse. Ich würde mich sehr freuen, wenn ich sie noch ein paar Monate hierbehalten dürfte, damit ich sie an ein geordnetes Internatsleben gewöhnen und zu einer fleißigen Schülerin machen könnte. Aber wahrscheinlich ist es gar nicht Ihr Wunsch, daß Sadie eine ganz normale, unauffällige Schülerin wird."

Frau Theobald hatte recht. Frau Greene war sehr auf Äußerlichkeiten bedacht. Alles andere interessierte sie nicht. Sie schaute sich die Schülerinnen von Lindenhof

10 3643-10

an – es waren junge sportliche Mädchen, einige mit Zöpfen, andere mit kurzgeschnittenen Haaren, einige hübsch, andere weniger hübsch.

„Nun", sagte sie, „seien Sie mir bitte nicht böse, Frau Theobald – aber ich möchte nicht, daß meine Sadie wie diese Mädchen wird. Meine Sadie ist außergewöhnlich hübsch, und sie ist zudem sehr reizvoll. Diese Mädchen hier würde ich niemals besonders reizvoll nennen, oder würden Sie es?"

„Nein, das würde ich sicher nicht", sagte Frau Theobald lächelnd. „Wir lehren sie auch nicht, ‚reizvoll' zu werden. Wir wollen, daß sie sich zu selbständigen, verantwortungsbewußten, klugen Menschen entwickeln. Ob sie reizvoll sind oder nicht, ist uns nicht wichtig!"

„Nun, dann lasse ich also Sadie bis zum Ende des Schuljahres da", sagte Frau Greene nach einer Pause. „Ich bleibe hier im Hotel wohnen und habe ein Auge auf sie. Sie scheint übrigens dieses hübsche kleine Ding, diese Elli, sehr zu mögen. Wenn die Ferien kommen, nehme ich Sadie mit nach Amerika – und vielleicht würde es Elli Freude machen, mit uns zu fahren. Sie ist so ziemlich das netteste Persönchen, das Sie hier haben."

Frau Theobald nahm sich vor, Ellis Mutter vor einer solchen Einladung nach Amerika zu warnen. In den letzten zwei Monaten war sie mit Elli gar nicht zufrieden gewesen, und wenn das Mädchen noch länger mit Sadie zusammenblieb, würde sie wahrscheinlich vollkommen verdorben.

So kam es, daß Sadie und Helene bis zum Ende des Schuljahres in Lindenhof blieben. Sadie freute sich darüber – aber Helene war sehr böse und unglücklich. Es war ihr schrecklich unangenehm, so vielen feindseligen Blicken standzuhalten und die allgemeine Verachtung zu spüren. Zum erstenmal in ihrem Leben bekam sie wirklich die Strafe, die sie verdiente.

Endlich Ferien!

Langsam ging das Schuljahr zu Ende. Es gab noch viele Sportwettkämpfe, Abschiedsfeiern – und natürlich Klassenarbeiten. Die Mädchen waren von morgens bis abends beschäftigt. Alle waren sehr vergnügt – nur Helene nicht; aber keine ihrer Schulkameradinnen, noch nicht einmal Petra, bemitleidete sie. Niemand wußte, daß sie zu Ende des Schuljahres Lindenhof verließ, und Helene selber verriet sich mit keiner Silbe.

Petra war einige Tage krank gewesen – und Frau Theobald war zu der Überzeugung gekommen, daß sich das Mädchen überarbeitete und daß es Sorgen hatte. Carlotta erzählte ihr, daß Petra Helenes Freundin gewesen war, aber nur ausgenützt wurde.

„Carlotta, du könntest etwas für mich tun", sagte Frau Theobald. „Freunde dich mit Petra an, und paß auf, daß sie nicht mehr unter Helenes Fuchtel gerät. Petra ist ein liebes Mädchen, nur zu ehrgeizig. Es wird ihr guttun, ein bißchen weniger zu lernen und dafür mehr an die Luft zu gehen. Nimm sie unter deine Fittiche, Carlotta, und sorge dafür, daß sie richtig lachen lernt."

Carlotta war über die Bitte der Direktorin erstaunt, aber auch sehr stolz. Sie bewunderte die kluge, freundliche Direktorin und verehrte sie sehr. So kam es, daß sich Carlotta und Petra anfreundeten. Als Petra blaß und niedergeschlagen die Krankenstation verließ, erlebte sie eine angenehme Überraschung: Immer wenn sich Helene an sie heranmachen wollte, wurde sie von Carlotta beiseite gedrängt. Carlotta schien stets in ihrer Nähe zu sein. Carlotta ging mit ihr spazieren, spielte mit ihr Tennis und bat sie um Hilfe bei den Hausaufgaben.

Bald sah Petra schon viel froher aus, und ihr kleines Gesicht leuchtete jedesmal auf, wenn Carlotta freundlich lächelnd auf sie zukam.

„Es war manchmal eine aufregende Zeit", sagte Frau Roberts zu Mamsell. „Zuerst habe ich gedacht, daß sich die neuen Mädchen nie eingewöhnen würden – und Bobby hatte ich ganz aufgegeben."

„O diese Bobby!" Mamsell lachte. „Sie hat mir einige Streiche gespielt – aber jetzt ist sie so ein fleißiges, nettes Mädchen geworden, daß ich nur staunen kann."

„Ja", bestätigte Frau Roberts, „Bobby ist ganz anders geworden – man erkennt sie kaum wieder – zumindest im Unterricht! Ich bin sehr zufrieden mit ihr. Aber die kleine Petra macht mir immer noch Sorgen – sie arbeitet einfach zuviel!" Mamsell lächelte.

„Wenn sie jetzt Carlotta zur Freundin hat, dann wird sich das sicher bald ändern. Diese neue Freundschaft ist doch seltsam, finden Sie nicht auch?"

„Es würde mich nicht überraschen, wenn da die

148

Direktorin ihre Finger im Spiel hätte", meinte Frau Roberts. „Sie ist eine bemerkenswerte Frau, sie kennt die Mädchen in- und auswendig!"

„Helene und Sadie verlassen ja die Schule", fuhr Mamsell fort. „Darüber kann ich mich nur freuen. Diese Helene habe ich nicht ausstehen können. Ekelhaft, wie sie ihre Kameradinnen verpetzt hat!"

„Sie muß noch eine Menge lernen im Leben", sagte Frau Roberts ernst. „Eine Lehre hat sie ja schon bekommen. Zum ersten Mal in ihrem Leben ist sie gezwungen worden, sich zu sehen, wie sie in Wirklichkeit ist – und zwei Wochen lang muß sie die Verachtung ihrer Mitschülerinnen ertragen. Ich weiß nicht, was aus ihr werden wird. Das ist wirklich ein großes Problem – und ich bin froh, daß ich es nicht lösen muß!"

„Sadie wird auch nicht vermißt werden", meinte Mamsell, „höchstens von der dummen kleinen Elli. Die Amerikanerin hat ihr völlig den Kopf verdreht. Diese beiden haben mich in den letzten Monaten oft geärgert!"

Frau Roberts lachte.

„Ruhige Zeiten hatten wir mit ihnen weiß Gott nicht. Aber jetzt kommen erst mal die Ferien, da können wir uns von diesen schrecklichen Mädchen erholen!"

„Und wenn im September die Schule wieder anfängt, werden wir beide sagen: Wie nett, diese schrecklichen Mädchen wiederzusehen!" lachte Mamsell.

„Nach den Ferien sind wir alle in der dritten Klasse", sagte Jenny am vorletzten Schultag. „Schön, daß wir zusammenbleiben. Wißt ihr übrigens, daß Sadie und

Helene von hier weggehen? Ich habe gehört, wie sich Frau Roberts mit Mamsell darüber unterhielt. Was mich betrifft, so bin ich heilfroh, diese Helene nicht mehr zu sehen!"

„Kommt sie wirklich nicht mehr zurück?" fragte Hanni. „Wenn das stimmt, sollten wir ein bißchen netter zu ihr sein. Helene sieht in letzter Zeit ziemlich mitgenommen aus."

Die Mädchen bemühten sich in den letzten Schultagen, etwas freundlicher zu Helene zu sein, und sie war dankbar dafür. Sie gewann wieder ein wenig Selbstvertrauen und sah mit Zuversicht in die Zukunft. Sie hatte begonnen, ihre Lektion zu lernen – sie versuchte nicht mehr, zu lügen oder sich vor den anderen aufzuspielen. Aber ein aufrichtiger, bescheidener Mensch zu werden – davon war sie noch weit entfernt. Arme Helene – sie machte es sich selbst und anderen schwer und würde es auch immer tun!

Der letzte Tag kam heran. Wie immer ging es reichlich lautstark zu. Aufgeregt und voll Freude über die Ferien verabschiedeten sich die Mädchen voneinander.

„Schade, daß ich nicht mit dir nach Amerika darf", sagte Elli zu Sadie. Dicke Tränen standen in ihren Augen. „Ich weiß nicht, warum mich meine Mutter nicht mitläßt. Vergiß mich nicht, Sadie!"

„Natürlich nicht", erwiderte Sadie und meinte es in diesem Augenblick auch ganz ehrlich – aber wer ihre Beteuerung hörte, lächelte still. Als ob Sadie fähig wäre, sich an jemanden länger zu erinnern!

Und dann kamen die letzten Minuten. Es wurde hin-

und hergewinkt, als der erste Bus zur Bahnstation abfuhr. Ein Koffer landete auf Mamsells großer Zehe, sie schrie laut auf.

„Hanni! Du bist ...", begann sie. Und alle Mädchen beendeten den Satz:

„Fürchterlich!" schrien sie und versuchten Mamsells großen Händen auszuweichen, die freundschaftliche, aber recht harte Klapse austeilten.

„Auf Wiedersehen, Frau Roberts", riefen die Zwillinge. „Auf Wiedersehen", stimmten alle Mädchen der zweiten Klasse ein.

„Schöne Ferien!" wünschte ihnen Frau Roberts. „Wenn ihr zurückkommt, braucht ihr ja nicht mehr unter mir zu stöhnen. Dann seid ihr schon in der dritten Klasse und ganz erwachsen. Meine Güte, wie doch die Zeit vergangen ist!"

„Die Mädchen werden sich sicher nach Ihnen zurücksehnen, Frau Roberts", lachte Frau Jenks, die in der Nähe stand. „Sie ahnen gar nicht, was für einen Drachen sie im nächsten Jahr bekommen! Sie werden arbeiten müssen, daß sich die Bänke biegen! Und was für schreckliche Strafen ich erst für sie bereithalte! Ich durchschaue sofort ihre bösen Streiche, das können Sie mir glauben!"

Die Mädchen lachten. Sie mochten Frau Jenks sehr und freuten sich, in ihre Klasse zu kommen.

Der Bus wartete schon. Als sich Elli die Stufen hinaufschwang, verlor sie ihre Kappe. Ihre Schulkameradinnen starrten verwundert auf ihr Haar.

„Elli", schrie Jenny. „Du hast dir ja schon wieder diese komische Frisur gemacht. Du siehst aus wie eine Einundzwanzigjährige, die zum Film will. Du machst dich ja lächerlich!"

Elli wurde rot. Sie setzte ihre Kappe wieder auf und drehte sich trotzig zu den Zwillingen um.

„Sadie sagt ...", begann sie, und sofort sang die ganze Klasse den Kehrreim, den sie so gut kannte:

„Sadie findet – Sadie sagt – was sagt Sadie? Sadie findet – Sadie sagt – was sagt Sadie?"

Und hier wollen wir die Zwillinge und ihre Schulfreundinnen verlassen. Jetzt sehnen sie sich nach den Ferien, die Schule rückt in weite Ferne. Unbeschwerte Wochen liegen vor ihnen. Und danach kehren sie als Schülerinnen der dritten Klasse nach Lindenhof zurück – und was dann geschieht – ja, das ist schon wieder eine ganz neue Geschichte ...

Spannende SchneiderBücher
von Enid Blyton:

HABE ICH		WÜNSCHE ICH MIR
	Hanni und Nanni sind immer dagegen (Band 1) Die Zwillinge hecken nur lustige Streiche aus	
	Hanni und Nanni schmieden neue Pläne (Band 2) Die Zwillinge lösen ein Geheimnis	
	Hanni und Nanni in neuen Abenteuern (Band 3) Die Zwillinge meistern eine lustige Situation	
	Kein Spaß ohne Hanni und Nanni (Band 4) Die Zwillinge organisieren eine Mitternachtsparty	
	Hanni und Nanni geben nicht auf (Band 5) Die Zwillinge fürchten die Neuen	
	Hanni und Nanni im Geisterschloß (Band 6) Die Zwillinge erleben eine Spuknacht	
	Hanni und Nanni suchen Gespenster (Band 7) Die Zwillinge lassen Gespenster lebendig werden	
	Hanni und Nanni in tausend Nöten (Band 8) Die Zwillinge beschützen eine Freundin	
	Hanni und Nanni groß in Form (Band 9) Die Zwillinge plaudern aus der Schule	
	Hanni und Nanni geben ein Fest (Band 10) Die Zwillinge laden zum Partyschmaus ein	
	Lustige Streiche mit Hanni und Nanni (Band 11) Die Zwillinge und ihr glanzvolles Mondscheinfest	

HABE ICH		WÜNSCHE ICH MIR
	Hanni und Nanni und ihre Gäste (Band 12) Die Zwillinge helfen in der Fuchsenmühle	
	Fröhliche Tage für Hanni und Nanni (Band 13) Die Zwillinge spielen Mamsell einen Streich	
	Hanni und Nanni gründen einen Klub (Band 14) Die Zwillinge und der „Klub der Spatzen" erregen Aufsehen	
	Hanni und Nanni im Landschulheim (Band 15) Die Zwillinge und die Bewohner der Pferdeburg	
	Hanni und Nanni bringen alle in Schwung (Band 16) Die Zwillinge veranstalten ein Konzert	
	Hanni und Nanni sind große Klasse (Band 17) Die Zwillinge und das große Spiel	
	Hanni und Nanni - Die besten Freundinnen (Band 18) Die Zwillinge gehen auf Reisen	
	Hanni und Nanni retten die Pferde (Band 19) Die Zwillinge lassen sich etwas einfallen	
	Hanni und Nanni - Sammelband I Umfaßt 3 Bände voller lustiger Streiche	
	Hanni und Nanni - Sammelband II Umfaßt 3 Bände voller Abenteuer	
	Hanni und Nanni - Sammelband III Umfaßt 3 Bände mit Spuk und Spaß	
	Hanni und Nanni - Sammelband IV Umfaßt 3 Bände aufregender Erlebnisse	
	Hanni und Nanni - Sammelband V Umfaßt 3 Bände spannender Ereignisse	
	Hanni und Nanni - Sammelband VI Umfaßt 3 Bände aufregender Ereignisse	

Enid Blyton:
Dolly-Serie

HABE ICH		WÜNSCHE ICH MIR
	Dolly sucht eine Freundin (Band 1) Ein Hitzkopf hat es schwer, sich in ein Internat einzufügen	
	Dolly — Wirbel in Klasse 2 (Band 2) Unsere Burg ist die beste Schule der Welt	
	Dolly — Ein Pferd im Internat (Band 3) Ein Mädchen kann sich nicht von seinem Pferd trennen	
	Dolly — Die Klassensprecherin (Band 4) Dolly hat es nicht leicht, sich zu behaupten	
	Dollys großer Tag (Band 5) Viel Streit um ein Theaterstück	
	Dolly — Abschied von der Burg (Band 6) Mit viel Trubel wird das letzte Schuljahr beendet	
	Dolly hat Heimweh nach der Burg (Band 7) Hurra, wieder auf Möwenfels!	
	Dolly — Eine aufregende Mitternachtsparty (Band 8) Dolly fällt immer etwas ein	
	Dolly — Die Burg erlebt ihr größtes Fest (Band 9) Wir werden Möwenfels nie vergessen!	
	Dolly — Wiedersehen auf der Burg (Band 10) Dolly kehrt auf die geliebte Burg zurück	